高等职业教育智能网联汽车技术专业教材

智能网联汽车使用与维修
Zhineng Wanglian Qiche Shiyong yu Weixiu

杨仕清　张华伟　主　编

白鹏飞　邢　芳　唐道娟　副主编

人民交通出版社股份有限公司
北京

内 容 提 要

本书为高等职业教育智能网联汽车技术专业教材。全书分为五个模块，主要内容有：智能网联汽车的使用与日常维护、智能网联汽车环境感知系统的维修与故障排除、智能网联汽车控制决策系统的维修与故障排除、智能网联汽车执行系统的维修与故障排除、智能座舱系统的检查与故障排除。

本书可作为高职高专院校智能网联汽车技术专业的教学用书，也可作为从事汽车智能技术、智能网联汽车技术专业相关技术人员的培训教材，以及智能网联汽车技术师资培训教材。

图书在版编目(CIP)数据

智能网联汽车使用与维修/杨仕清,张华伟主编. —北京:人民交通出版社股份有限公司,2022.6
 ISBN 978-7-114-17937-2

Ⅰ.①智… Ⅱ.①杨… ②张… Ⅲ.①汽车—智能通信网—职业教育—教材 Ⅳ.①U463.67

中国版本图书馆CIP数据核字(2022)第069077号

书　　名：	智能网联汽车使用与维修
著 作 者：	杨仕清　张华伟
责任编辑：	张一梅
责任校对：	刘　芹
责任印制：	刘高彤
出版发行：	人民交通出版社股份有限公司
地　　址：	(100011)北京市朝阳区安定门外外馆斜街3号
网　　址：	http://www.ccpcl.com.cn
销售电话：	(010)59757973
总 经 销：	人民交通出版社股份有限公司发行部
经　　销：	各地新华书店
印　　刷：	北京市密东印刷有限公司
开　　本：	787×1092　1/16
印　　张：	8.25
字　　数：	191千
版　　次：	2022年6月　第1版
印　　次：	2022年6月　第1次印刷
书　　号：	ISBN 978-7-114-17937-2
定　　价：	39.00元

(有印刷、装订质量问题的图书由本公司负责调换)

前言 | PREFACE

近年来，全球新一轮的科技革命和产业变革加速演进，新一代信息技术及其深度应用已经推动人类社会步入新的发展阶段，智能经济蓬勃发展，对经济社会发展影响深远。汽车技术的发展日新月异，电动化、网联化、智能化、共享化成为汽车产业发展潮流和趋势。目前，我国汽车产业迅速发展，自主品牌市场份额逐年提高，关键零部件供给能力明显增强，新能源汽车产业体系日渐完善，电池、电动机、电控系统及整车具有较强的国际竞争力，这为智能汽车的发展奠定了坚实的基础。2015年5月，国务院印发《中国制造2025》，汽车被列入"十大重点领域"，"智能网联汽车"首次在国家政策层面正式提出。2019年9月，中共中央、国务院印发《交通强国建设纲要》，提出加强智能网联汽车（智能汽车、自动驾驶、车路协同）研发，形成自主可控完整的产业链。国家发展改革委、工业和信息化部等11部委联合发布《智能汽车创新发展战略》，提出到2025年，实现有条件自动驾驶的智能汽车达到规模化生产，实现高度自动驾驶的智能汽车在特定环境下市场化应用。2021年2月，国务院印发《国家综合立体交通网规划纲要》，提出推进智能网联汽车（智能汽车、自动驾驶、车路协同）应用，推动智能网联汽车与智慧城市协同发展。在政策、技术与市场等多重因素的影响下，汽车产业作为国民经济的重要支撑产业，与能源、交通、信息通信等领域有关技术加速融合，正朝着网联化、智能化进程加速推进。智能网联汽车技术的发展已进入快车道。然而，目前国内高职院校汽车专业人才培养供给难以满足智能网联汽车产业发展需求。

2021年4月，中国汽车工程学会、国家智能网联汽车创新中心发布了全国职业院校《智能网联汽车专业建设白皮书（2021版）》，为职业院校智能网联汽车技术专业建设提供了思路。为了抓住汽车产业智能化发展战略机遇，满足行业对智能网联汽车技术专业人才的需求，加快推进智能网联汽车技术创新发展，人民交通出版社股份有限公司组织相关院校教师与企业专家共同开发了高等职业教育智能网联汽车技术专业教材。本套教材具有以下特点：

（1）以爱党、爱国、爱社会主义、爱人民、爱集体为主线，围绕政治认同、家国情怀、文化素养、宪法法治意识、道德修养等因素，深入挖掘教材内容中蕴含的思政资源，提炼并利用教材思政元素，寓价值观引导于知识传授和能力培养之中，帮助学生树立正确的世界观、人生观、价值观，实现全员全程全方位育人。

（2）立足先进的职业教育理念，紧跟汽车新技术的发展步伐，结合智能网联汽车技术专业的人才培养模式和课程体系设置等进行教材内容设置，及时反映产业升级和行业发展需求，体现新知识、新技术、新工艺、新方法、新材料。

(3)以就业为导向,以职业能力培养为核心,注重学生实践应用能力的培养和技能的提升,使学生培养过程实现"理实一体",旨在为行业培养高素质的智能网联汽车技术技能人才。

(4)教材呈现形式立体化,借助现代信息技术,科学整合多媒体、多形态、多层次的教学资源,教材的知识点以二维码链接数字资源,满足学生个性化学习的需求,提升教材使用体验。

《智能网联汽车使用与维修》是本系列教材之一。全书由云南交通运输职业学院杨仕清、张华伟担任主编,云南交通运输职业学院白鹏飞、邢芳、唐道娟担任副主编。参加本教材编写工作的有:杨仕清、白鹏飞编写模块一;张华伟、吴开达编写模块二;杨仕清、唐道娟、保燕灵编写模块三;杨仕清、赵小光编写模块四;张华伟、邢芳、王佳编写模块五。作者在编写过程中引用了相关文献和资料的内容,特向其作者表示诚挚的谢意。

智能网联汽车技术是一个新专业,涉及的新技术较多,限于作者水平,书中难免出现疏漏或错误之处,恳请读者批评指正。

作　者

2022 年 1 月

目录 | CONTENTS

模块一　智能网联汽车的使用与日常维护 ……… 1
　一、智能网联汽车的使用 …………………………… 1
　二、智能网联汽车个人防护与维修作业安全 …… 9
　三、智能网联汽车的日常维护 …………………… 12
　四、智能网联汽车的常用仪器、工具和设备 …… 13
　技能实训 …………………………………………… 23
　思考与练习 ………………………………………… 26

模块二　智能网联汽车环境感知系统的维修与故障排除 ……… 28
　一、环境感知技术 ………………………………… 28
　二、毫米波雷达 …………………………………… 30
　三、超声波雷达 …………………………………… 32
　四、激光雷达 ……………………………………… 34
　五、视觉传感器 …………………………………… 36
　六、全球导航卫星系统 …………………………… 39
　七、惯性导航传感器 ……………………………… 40
　技能实训 …………………………………………… 40
　思考与练习 ………………………………………… 72

模块三　智能网联汽车控制决策系统的维修与故障排除 ……… 73
　一、智能网联汽车自动驾驶控制 ………………… 73
　二、智能网联汽车决策系统 ……………………… 75
　三、智能网联汽车网络系统架构搭建 …………… 78
　四、LIN 总线故障检测 …………………………… 81
　五、CAN 总线故障检测与维修 …………………… 81
　技能实训 …………………………………………… 84
　思考与练习 ………………………………………… 90

模块四 智能网联汽车执行系统的维修与故障排除 91

　　一、汽车线控动力系统的检修 91
　　二、汽车线控转向系统的检修 93
　　三、汽车线控制动系统的检修 94
　　四、线控悬架装置检测与维修 103
　　技能实训 110
　　思考与练习 114

模块五 智能座舱系统的检查与故障排除 115

　　一、人机交互系统 115
　　二、疲劳预警系统 116
　　三、智能座椅 119
　　技能实训 120
　　思考与练习 125

参考文献 126

模块一 智能网联汽车的使用与日常维护

学习目标

▶ 知识目标

1. 了解常见智能网联汽车的使用方法；
2. 了解智能网联汽车使用维修安全注意事项；
3. 了解智能网联汽车的日程维护内容；
4. 掌握智能网联汽车常用工具的使用方法。

▶ 技能目标

1. 能进行智能网联汽车的日常维护；
2. 能正确使用智能网联汽车的日常维护工具。

▶ 素养目标

1. 能够在学习中培养工匠精神，树立高尚的职业道德；
2. 培养学生具有吃苦耐劳、爱岗敬业的精神。

建议课时

12 课时

以智能制造为标志的工业 4.0 时代来临，互联网、大数据、云计算、人工智能、3D 打印等技术不断创新并应用于汽车产业，汽车智能化时代已经到来！

智能网联汽车的使用

智能网联汽车是指通过搭载先进传感器等装置，运用人工智能等新技术，具有自动驾驶功能，逐步成为智能移动空间和应用终端的新一代汽车。智能网联汽车通常又称为智能汽车、自动驾驶汽车等。

智能网联汽车技术快速迭代发展，但是目前还没有在开放道路上完全自动驾驶的乘用汽车，现阶段使用和运营智能网联汽车主要有 L1～L2 级自动驾驶车、无人驾驶汽车出行服务、特定场景高等级自动驾驶车辆几种类型。

（一）L1～L2级自动驾驶车辆的使用

L1～L2级自动驾驶车主要是在普通车辆的基础上加装驾驶辅助系统使车辆实现部分功能的自动化。带高级驾驶辅助系统（Advanced Driving Assistance System，ADAS）的乘用车开始大规模量产，处于第一梯队的有特斯拉、小鹏汽车、蔚来汽车，分别推出了NOA、NOP、NGP达到L2+级别的自动驾驶功能；其他造车新势力与传统汽车企业基本可以覆盖L1～L2级别较为完善的自动驾驶功能，长城、吉利、长安、上汽等汽车企业基本可以实现15万元以内L2.5级别以下较为完善的配置。

汽车高级辅助驾驶系统功能通常包括自适应巡航控制（Adaptive Cruise Control，ACC）、自动紧急制动（Autonomous Emergency Braking，AEB）、自动泊车（Auto Parking，AP）、智能前照灯控制（Adaptive Front Lights，AFL）、前方防撞预警（Forward Collision Warning，FCW）、车道偏离预警（Lane Departure Warning，LDW）、盲区监测（Blind Spot Monitoring，BSM）、夜视系统（Night Vision System，NVS）、注意力监测（Driving Monitor System，DMS）、抬头显示（Head Up Display，HUD）等功能。

汽车高级辅助驾驶系统功能主要通过驾驶舱的中控平台、全液晶仪表、信息显示屏、多功能转向盘、多功能按钮等操作实现相应的功能。

1. 自适应巡航控制（ACC）

ACC帮助驾驶人保持设定的跟车速度和跟车距离间隔，减轻驾驶负担，提升驾乘体验，其最佳的使用范围是在建造良好的公路和高速公路上，大多数车型可以实现在30～180km/h之间选择所需车速。设置好所需车速后，车辆自行保持此速度，在功能可行的范围内，系统会根据前面缓慢行驶的车辆自动调节车速。本车与前车辆的车距也可设置，出于安全考虑其与车速有关，为保持车距，系统会自动减速，如有必要会稍微进行制动；当前车以更快的速度行驶后，本车则会重新加速。

ACC功能的使用主要是通过多功能转向盘左侧的按钮实现，如图1-1所示。

图1-1 ACC按钮
1-打开/关闭系统及中断巡航控制；2-调出车速；3-存储车速；4-减小车距；5-存储、更改/保持车速；6-增大车距

（1）打开、关闭以及中断巡航控制。

打开：按压转向盘上的按钮，组合仪表上的指示灯亮起，车速表上的标记被置为当前车速，可以使用巡航控制。

关闭：在激活状态下，连续按压两次；在中断状态下，按压一次，显示消失，存储的所需车速和车距被删除。

中断：在激活状态下按压按钮，在停车状态下中断时要同时踩踏制动踏板。当出现制动或离开挡位"D"时、车辆停止时打开安全带和驾驶人侧车门、雷达传感器脏污等情况下，系统会自动中断。

（2）保持、存储以及更改车速。

按压SET按钮或者在中断状态下按压平衡杆5，激活系统后会保持当前行驶的车速，并存储为所需车速，这些会在组合仪表上短时显示。更改车速则通过向上或向下按压平衡杆实现。

(3)车距设置。

车距要与交通和天气状况相匹配,否则会有发生事故的危险。减小和增大车距是通过按压按钮4、6实现的,直至已设置所需的车距。

(4)调出所需车速和车距。

行车期间,系统接通后按压按钮2即可调出所需车速和车距,当关闭系统时或关闭点火装置时,存储的速度值被删除且无法再被调出。

2. 自动紧急制动(AEB)和前方防撞预警(FCW)

自动紧急制动系统通过毫米波雷达和摄像头识别车辆前方障碍物(车辆、行人、树、护栏等)与车辆之间的距离、方位及相对速度等信息,系统分析当存在潜在碰撞危险,并对驾驶人进行警告,如图1-2所示。警告的方式主要有声音、光,甚至是通过收紧安全带、多次短速制动等方式来提醒。如果驾驶人未对前方碰撞预警(FCW)采取制动或避让措施,并且情况的危险程度继续升级时,系统会立即对车辆采取紧急制动,以降低碰撞风险或减轻碰撞事故发生后的严重程度。

图1-2 自动紧急制动警告灯

部分车型的AEB系统设置单独的按钮,通过按钮来打开和关闭碰撞警告,如图1-3所示。按压按钮打开警告功能,发光二极管(Light Emitted Diode,LED)指示灯亮起。再次按压警告功能关闭,LED指示灯熄灭。启用报警功能之后,可在组合仪表、平视显示系统上显示碰撞警告,并伴随警报声。车辆以红色亮起预警表示提醒需增大车距,车辆以红色闪烁并伴随有声音警报表示系统提示必须通过制动进行干预,必要时进行避让。

部分车型的AEB系统没有单独的按钮进行操作,如图1-4所示,主要是在中控信息显示屏上的智能驾驶辅助系统菜单中设置和操作,可以打开、关闭该功能以及调整碰撞预警的灵敏度。还有部分车型的AEB系统无须手动开启使用,当车辆的速度达到一定值时就会自动开启。

图1-3 碰撞警告按钮　　　图1-4 极氪001车型AEB系统操作界面

现阶段车辆的AEB的工作范围是有限,以领克03车型来举例,AEB工作区间是7~150km/h,行人识别区间为7~80km/h。对于车辆识别,在40km/h以内,可以做到避免与静止车辆碰撞;在与前方运动车辆速度差小于40km/h时,可以做到避免碰撞;如果与前方运动车辆速度差大于40km/h,则只能降低事故损伤程度。对于行人识别,在车速为30km/h以内,能避免与行人发生碰撞;车速位于30~80km/h之间时会撞上,但可以降低事故损伤;车速超过80km/h,该功能关闭。所以,速度过低时AEB系统不工作;速度太高时,AEB系统也不工作。

3. 车道偏离预警(LDW)和盲区监测(BSM)

车道偏离预警是指车辆在有车道标志线的路面上正要离开车道,该系统从一定的速度起就会发出警告。该速度介于 55~70km/h 之间,视国家规格而定。通常车速高于 60km/h 时,当检测到车辆即将越过车道线时,LDW 将通过图像、声音或转向盘在发出警告时轻微抖动的形式对驾驶人进行提醒。如果汽车在偏离车道前转向灯闪烁,系统则不会发出警告。

盲区监测也称并线辅助,部分车型也称为车道变更警告。其主要功能是扫除后视镜盲区,通过微波雷达探测车辆两侧的后视镜盲区中的超车车辆,对驾驶人作出提醒,从而避免在变道过程中由于后视镜盲区而发生事故。

部分车型设置单独的按钮,如图 1-5 所示,按压按钮时其功能打开,LED 指示灯亮起,并在仪表中显示;再次按压按钮其功能关闭,LED 指示灯熄灭。

许多车型没有单独的按钮进行操作,而是通过在中控信息显示屏上智能驾驶辅助系统菜单中设置和操作,从而打开或关闭该功能以及调整预警的方式,如图 1-6 所示。

图 1-5 车道偏离预警和车道变更警告操作界面　　图 1-6 车道偏离预警和车道变更警告操作界面

4. 自动泊车(AP)

自动泊车主要是利用遍布车辆自身和周边环境里的传感器,测量车辆自身与周边物体之间的相对距离、速度和角度,然后通过车载计算平台或云计算平台计算出操作流程,并控制车辆的转向和加减速,以实现自动泊入、泊出及部分行驶功能。整个泊车过程大致可分为环境感知、停车位检测与识别、泊车路径规划、泊车路径跟随控制和模拟显示五步。

(1)宝马车型自动泊车系统的操作方法。

第一步:按 PDC 键,打开自动泊车功能,并且要确认此功能确实已经打开,LED 指示灯亮起,如图 1-7 所示。

第二步:根据自己车型要求的速度行驶,此时超声波传感器可以有效地探测停车位,如果探测到合适的停车位,中央显示屏幕上会发出"请停车"的提示信息,如图 1-8 所示。

第三步:将车辆制动至停止,系统让选择是横向停车还是纵向停车。之后根据情况选择即可。

第四步:打开转向灯。

第五步:确认停车后,按住 PDC 键不放,松抬制动踏板,松开转向盘,自动泊车功能开启。这时自动泊车系统控制车辆进行转向、加速和制动,直到车辆进入停车位后自动取消。

需要注意的是:自动泊车时,驾驶人要注意观察周围情况,如果发现异常,要立即停车或松开 PDC 键,这样可以退出自动泊车模式。开启自动泊车前,一定记得打开转向灯,系好安全带,否则不能进入自动泊车状态。

模块一 智能网联汽车的使用与日常维护

图1-7 宝马车型自动泊车按钮

图1-8 宝马车型自动泊车显示屏界面

(2)特斯拉车型自动泊车系统的操作方法。

相比其他车型,特斯拉车型自动泊车在整个停泊的过程中,驾驶人无须触碰转向盘,也无须踩踏制动或是加速踏板来控制车速。

第一步:车辆以低于24km/h的速度经过一个有效的侧方车位时,车辆会自动检测道路边侧方车位的长度是否满足停泊的距离。当我们将车开至可用停车位的侧前方(与车位前方车辆平行)时,若仪表盘上显示"P"图标,则表示车辆已检测出有效车位,可以进行自动泊车,如图1-9所示。

第二步:换入倒挡(R挡),此时车辆的液晶显示屏会出现自动泊车向导以及后置摄像头所呈现的即时倒车影像。

第三步:点击屏幕上的"开始"按键,如图1-10所示。双手离开转向盘,右脚松抬制动踏板,自动泊车开始。此时液晶显示屏上会出现车辆泊车的行驶模拟图以及倒车影像,车辆在转向的时候非常流畅,而且车速较快,用时较短。

图1-9 特斯拉车型自动检测道路边侧方车位

图1-10 特斯拉自动泊车操作界面

自主泊车(AVP)又称为代客泊车或一键泊车,指驾驶人可以在指定地点处召唤处于停车位上的车辆,或让当前驾驶的车辆停入指定或随机的停车位。整个过程正常状态下无须人员操作和监管,被称为是解决用户"最后一公里自由"的L4级自动驾驶技术。

自主泊车

图 1-11　自主泊车示意图

自主泊车系统包含两个功能,即泊车与唤车,如图 1-11 所示。

一键泊车:用户在指定下客点下车,通过手机 App(应用程序)下达泊车指令,车辆在接收到指令后可自动行驶到停车场的停车位,而不需要用户操纵与监控。若多辆车同时收到泊车指令,可实现多车动态的自动等待而进入泊车位。

一键召唤:用户通过手机 App 下达取车指令,车辆在接收到指令后可以从停车位自动行驶到指定上客点接驾。

(二)无人驾驶汽车出行服务

全球传统汽车制造企业正加速向移动出行服务商转型,多数汽车企业已推出或计划推出自有汽车共享项目,智能汽车将作为出行即服务(Mobility as a Service,MaaS)平台的重要组成部分,为消费者提供一站式出行服务。

自动驾驶出租汽车作为自动驾驶技术的一种重要落地场景,目前正逐步走进大众的视野。截至 2021 年底,已经有上汽、百度、小马智行、文远知行、元戎启行、T3 出行、滴滴、Auto X 等多家公司的 Robotaxi 车队开始试点商业化运营。

"萝卜快跑"搭载百度 Apollo 领先的 L4 级自动驾驶技术可从容应对海量的城市道路场景,目前已获得自动驾驶载人测试牌照 398 张、城市道路自动驾驶里程 2500 万 km,累计接待乘客 40 万人次,均居全国第一。截至 2022 年 2 月,"萝卜快跑"已覆盖北京、上海、广州、深圳、重庆、长沙、沧州及阳泉 8 个城市,面向市民提供自动驾驶出行服务,其中北京、重庆、阳泉均开启正式收费运营,如图 1-12 所示。

图 1-12　萝卜快跑实地运营图

"萝卜快跑"摒弃了旧代改装,是百度 Apollo 联合一汽红旗进行深度定制化开发的前装量产车型,拥有国内自动驾驶 L4 级别的第一条乘用车产线,历经 60 余项整车安全测试,可显著降低改装可能造成的返修和故障概率,大幅提升车辆安全等级。

"萝卜快跑"的使用方式比较简单。进入 App 后,我们开始预约车辆。约车的界面与传统的打车软件风格类似,都有地图和站点提示,并且可以通过地图或者菜单选择的形式,选择上下车的站点,如图 1-13 所示。接单后,车辆可自动开到固定上车点。

图 1-13　"萝卜快跑"下单界面

上车后,乘客需输入手机号码后四位进行身份验证,如图 1-14 所示,然后系统会提醒乘客系好安全带,同时提醒乘客点击行程开始按钮(图 1-15),开启自动驾驶之旅。

模块一　智能网联汽车的使用与日常维护

图1-14　"萝卜快跑"身份验证界面

图1-15　"萝卜快跑"行程开始界面

在行驶过程中，车辆能够实现完全自动驾驶，识别信号灯、掉头、转弯、变更车道、避让车辆和行人，都可以轻松完成。车辆后排平板还可以供乘客点击查看更多车辆信息。例如在路口会显示当前车道的信号灯情况，在转弯时则会显示路口周围的路况信息，如图1-16所示。

到达终点后，系统会提示乘客已到达目的地，对于已经开始商业运营的自动车辆，下车后乘客在手机应用程序（App）上完成支付即可。

目前，乘坐无人驾驶出租汽车都需要乘客实名认证，且上下车点位是固定的，乘客并不能像普通打车模式一样随意上下车。另外驾驶座上会配备一位安全员，安全员在整个行车过程中都不操作车辆，当自动驾驶车辆出现紧急情况时才会接管车辆，这些都是出于测试过程中的安全考虑。

图1-16　"萝卜快跑"平板信息显示界面

（三）特定场景高等级自动驾驶车辆

特定场景高等级自动驾驶车辆主要是在矿山、港口运输、园区物流、清扫等领域运营的无人驾驶货车、无人驾驶运输车、无人驾驶物流车和无人驾驶清扫车。

1. 无人驾驶货车

无人驾驶货车是面向矿业的智能汽车解决方案，如图1-17所示，以机器学习和超高计算能力为基础，无需安全员和驾驶人，在白天、深夜均能实现车铲对位、自主导航、自主卸载、主动避障，可以在各种复杂情况下完成智能驾驶和指定区域精准卸载。

图1-17　无人驾驶货车

无人驾驶货车需要对货车进行智能化改造，在车前、车后加装多个摄像头、毫米波雷达和激光雷达。这些"眼睛"和"耳朵"通过算法进行感知融合，补齐盲点，可以排除矿区冬季飘雪、夏季沙尘等复杂环境因素的干扰。除此之外，无人驾驶货车也进行了内部相应的线控改造，车上装载有通信、定位、控制单元，并部署了无人驾驶软件。

无人驾驶货车的操作由调度指挥中心完成，无人运输作业智能管理系统能够集成运营调度、远程操控、地图编辑、路测监控、集成监控、数据管理等功能,操作人员轻轻按下操作按钮,便可轻松管理露天采场内的每辆"巨无霸"。无人化的生产作业,将从根本上杜绝人员安全生产事故的发生。

2. 无人驾驶物流车

目前具有L4级别自动驾驶能力的无人驾驶物流车主要有京东4.0版无人配送车、美团魔袋20、阿里巴巴小蛮驴、智行者WBD-C81、新石器X3和行深智能绝地3000H等。

无人驾驶物流车集激光雷达、超声波雷达、摄像头等传感器于一体,配备高精度地图与导航,具备超强的环境感知能力,加持智能调度系统,具有城市道路低速自动驾驶的通行能力,如图1-18所示。车辆具备路径规划、自动转弯、主动避障、信号灯识别、自动泊车等功能,一旦发生危险情况,也会尽可能保证人员和其他车辆的安全,同时也会有安全员对车辆的运行进行监控,短时间内就能获取车辆信息,出现意外情况的可能性已经被大幅降低。

无人驾驶物流车会根据订单数量和送货位置,自动计算出最优路线。出发前,会向下单者发出短信"您的货物预计××min后到达",到达目的地后,物流车先自动停靠在固定停车点,随后发短信"我到了"给收件人,收件人下楼后输入收件码即可打开格口取走快递,也可以一键扫码取件;如果收件人未到,物流车会等候5min左右,再去下一个配送点,回程时回到没有取件的点,再次投递。

3. 无人驾驶清扫车

无人驾驶清扫车可应用在公园、商业住宅区、高校、医疗园区、工业园区、商业综合体等地方,如图1-19所示。无人驾驶清扫车集激光雷达、摄像头、超声波雷达等传感器于一体,可实现自主作业。清扫车脱离人工操作,具备闹钟式任务设计、自动加载地图、自动避让行人、智能一键召回、自主泊车入位、空中下载(Over the Air, OTA)升级、大数据分析等功能,可自主在路面上完成清扫、洒水、垃圾收集等工作。

图 1-18　无人驾驶物流车　　　　　　图 1-19　无人驾驶清扫车

清扫时,打开电源,通过电脑或手机App上根据地图设置清扫的路径,然后起动车辆,车灯亮起,车辆"苏醒",随即缓缓驶出泊位,按照设定好的运行轨迹行驶。

无人驾驶清扫车清扫效率可达3000m^2/h,是人工保洁效率的5倍以上,极大地提高了清洁效率、降低了人工成本,同时让清洁更智能。

二 智能网联汽车个人防护与维修作业安全

1. 个人防护用具

在进行车辆维护时,需要穿工作服和安全鞋。当处理被损坏车辆时,操作人员可能不易察觉潜在的被电击环境或暴露在高碱性化学物质中,所以需要穿戴好防护装备。常用的安全装备有保护手套、安全鞋、安全帽、护目镜、工作服等,如图1-20所示。

图1-20 个人防护用具

在进行任何有关高压组件或线路的操作时,需要使用由橡胶制成的绝缘手套,这些手套通常能够承受500V以上的工作电压。

戴上合适的眼部和足部防护装备,以防止电池液的飞溅。其中,防护面罩应能将所有的面部皮肤裸露部分覆盖好,安全鞋也必须具有耐碱性鞋底。

2. 车辆防护设备

在做好人员防护的同时,也要做好车辆防护。车辆防护常用的防护设备有车外三件套(左、右、前翼子板布,图1-21)和车内三件套(脚垫、座椅套、变速器操纵杆套),如图1-22所示。

图1-21 车外防护三件套

图1-22 车内防护三件套

3. 新能源汽车维修作业安全

智能网联汽车大多以新能源汽车为基础,在进行智能网联汽车维护过程中,要特别关注新能源汽车的安全作业注意事项和新能源汽车高压电系统标识(图1-23)。新能源汽车由于采用了高压电系统,故只有经过专业培训的技术人员才能在这类车辆上进行相关操作。新能源汽车售后技术人员必须通过厂家的专业培训、认证与考试,并获得相关资质证书才能上岗作业。

图1-23 新能源高压电系统标识

(1) 高压电系统的危害。

新能源汽车的高压电系统具有能致命的高压电,高压蓄电池组的电解液具有毒性和腐蚀性,这会危及售后技术人员的人身安全。60V以上的直流电,25V以上的交流电具有危险性。约5mA电流通过人体时,会使人产生麻木感,但人可以自由摆脱;体内通过的电流达约10mA时,到达了导出电流的极限,人体开始收缩,无法再轻易摆脱;体内通过30~50mA的交流电,会导致呼吸停止以及心室纤维性颤动。通过人体的电流到达约80mA时,则会有致命危险。交流电比直流电更危险,因为交流电压在人体内产生交流电,会促使肌肉组织和心脏产生颤动;交流电压的频率越低,危险性越高。交流电会触发心室纤维性颤动,如果不进行急救很快就会致命。

电流对人体产生伤害的形式如下。

① 电击效应。电流低于导通限值时,人体会产生相应的电击反应,从而容易因肢体不受控制和失去平衡而导致受伤。

② 热效应。电流导入导出点处会发生烧伤和焦化,也会发生内部烧伤,结果是导致肾脏负荷过大,甚至造成致命的伤害。

③ 化学效应。血液和细胞液成为电解液并被电解,从而出现严重的中毒症状。这种中毒情况通常在几天后才能被发现,因此伤害极大。

④ 肌肉刺激效应。所有的身体功能和人体肌肉运动都是由大脑通过神经系统的电刺激来控制的,如果通过人体的电流过高,肌肉开始抽搐,大脑再也无法控制肌肉组织。例如,握紧的拳头再也无法打开或者移动。如果电流流经胸腔,肺会产生痉挛(呼吸停止),心脏的跳动节奏会被中断(心室纤维化颤动,无法进行心脏的收缩扩张运动)。

⑤ 发生静态短路的热效应。工具急剧发热,会导致材料熔化,从而可能发生烧伤事故。

⑥ 由于短路引起火花。金属很快熔化,产生飞溅的火花,飞溅出来的金属颗粒温度超过5000℃,可能引起烧伤以及严重伤害眼睛。

⑦ 带电高压线路接通和断开时所产生的弧光,其光辐射可能造成电光性眼炎。

发生触电事故后,首先应当在可能的状态下切断电源,然后拨打紧急电话,再实施现场急救,待专业医疗人员赶到后,交由专业人员处理,进行后续医疗护理工作,如图1-24所示。在发生触电事故后,即使短时间内人员表象没有损伤,但是有可能电流已经将人体内的蛋白质破坏。只有经过专业的检测,才能知晓是否正常。如果人体受到电击导致体内蛋白质发生变化,若不及时接受治疗则有可能会出现肾衰竭,甚至导致死亡。因此,触电后必须接受专业的医疗检查。

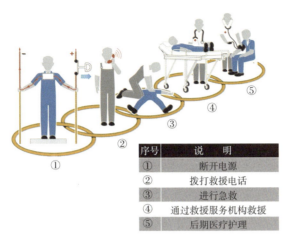

图 1-24　触电后处理流程

(2)车辆高压电系统的标识。

为了方便辨别,新能源汽车中所有连接高压回路部分的电线和接头为橙色,如图 1-25 所示。高压回路和其他回路以及车身绝缘高压组成部分包含高压蓄电池组、驱动桥、变频器、转换器和维修塞。

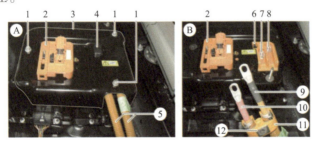

图 1-25　高压部件

1-用于固定高电压安全盖板的螺栓和螺母;2-高电压安全插头(反向插入);3-高电压安全盖板;4-高电压安全盖板上高电压接触监控电路跨接线;5-高电压导线;6-高电压接触监控接口;7-高电压蓄电池正极螺栓接口;8-高电压蓄电池负极螺栓接口;9-高电压负极导线;10-高电压正极导线;11-用于两个高电压导线的接线柱;12-用于连接屏蔽层与高电压蓄电池单元壳体的接触部位

新能源汽车上的警告标签(图 1-26)被贴在高压蓄电池和变频器上,它们提供了基本的警告、操作说明和回收信息。

a)警告标志:危险电压警告　　b)高电压组件警告　提示牌,规格1　　c)高电压组件警告提示牌,规格2

图 1-26　高压警示牌

(3)高压充电注意事项。
①与易燃物品保持充足的安全距离。
②在充电环境不明确时,将车辆充电电流设置为最小。
③反复出现充电中断情况时,须联系专业人员。
④不允许使用插线板插接随车充电设备。
⑤不要使用损坏的充电电缆或插座,充电期间,电子扇、电动制冷剂压缩机和却液泵可能会自动运转,须注意安全。
⑥清洗车辆时严禁充电操作。
⑦车辆锁车后,充电枪与车辆的连接会被锁止,要解锁车辆后才能松开。
(4)新能源汽车维修技师的主要工作职责。
①能够断开高压电系统并确定系统断电;能够防止高压电系统重新被激活;能够使用专用设备对全车进行绝缘检测。
②能够完成新能源车辆上的所有常规维护操作。
③能够使用厂家指定的专业设备与工具,对车辆高压电系统所有部件进行专业检测,判断部件工作是否正常(目前经销商售后服务部门对新能源车辆的高压部件如电机、高压蓄电池组等无法进行解体维修。故除一般的维护与调教外,一旦检测确定部件故障,均应更换总成)。
④能够重新激活高压电系统,能够给高压蓄电池充电。
⑤能够进指导未经过培训的人员在断电的新能源车辆上(混合动力或纯电动汽车)独立执行一般性任务,承担在高压电系统上作业的所有技术职责。

三 智能网联汽车的日常维护

(1)维修过程中须了解所修部件的构造、控制电路、性能、修理方法及安全要求,实训时严格按工艺要求操作,并穿戴相应防护装备(工作服、工作鞋、手套等),不得赤脚或穿拖鞋、高跟鞋和裙子作业,留长发者要戴工作帽。
(2)就车电工作业时,应注意保持车辆漆面光泽无伤痕;装饰地毯及座位要使用保护垫布和座位套,确保清洁。
(3)在装有微型计算机控制系统中的汽车上进行工作时,除特殊情况外,千万不要触动电子控制部分和各个接头及插头,以免防止意外损坏其内部装置的电子元件。
(4)当确需连接断开电子系统与任何一个单元之间电气配线进行作业时,务必将点火开关关闭,并拔掉蓄电池负接插头,以免造成控制器元件损坏。
(5)进行蓄电池充电作业时,要保持室内的通风良好,电池液晶温度不能超过45℃,检查时应戴上防护眼镜。
(6)应在通风良好处,再打开空调进行维修作业;应缓慢排出制冷剂,防止油一起冲出,同时不能与明火及灼热金属接触,否则制冷剂会分解为有毒气体对人造成伤害。
(7)添加处理制冷剂操作时应戴上防护眼镜,谨防制冷剂溅入眼内(溅入眼内应立即用冷水或20%的稀硼酸冲洗)或溅伤皮肤。
(8)搬运制冷剂钢瓶时,应严防震动、撞击,避免暴晒,同时应储放在安全通风、干燥的库房内。

（9）不能用高压水枪冲洗发动机舱，以免造成发动机舱内线路短路。

（10）与尖锐边缘磨碰的线束部分应用胶带缠起来，以免损坏。安装固定零件时，应确保线不要被夹住或被破坏。安装时，应确保插接头接插牢固。

（11）进行检修时，若温度超过80℃（如进行焊接时），则应先拆下对温度敏感的零件（如继电器和电子控制单元）再进行检修。

（12）蓄电池维护的注意事项。

①蓄电池补充充电时，要选择合适的充电模式，充电时间一定要控制好，充电场所必须通风良好。

②蓄电池极桩与导线夹之间的连接一定要牢靠，行车中若松脱，发电机定子会产生过电压，可能会烧坏车用电脑或其他用电设备。

③通常先拆掉蓄电池负极电缆接头（搭铁），然后再拆下正极接头。正负极电缆接头切勿装反。

④在连接正、负极接头之前，务必保证耗电量大的各元件应处于不工作状态。出现火花，表明产生了短路或有大功率设备工作，应该采取纠正措施。

（13）熔断器维护的注意事项。

①遵守熔断器的容量。熔断器的容量是根据被保护的设备容量来确定的。需按照熔断丝盒盖上注明的额定电流值更换熔断丝，不要改用比额定电流高的熔断丝。

②在没有备用熔断丝情况下，紧急时，可用对驾驶及安全没有影响的其他设备上的熔断丝代替。如果不能找到具有相同电流负荷的熔断丝，则可采用比原熔断丝额定电流低的熔断丝代替。

③在安装备用部件或附件时，应优先使用空余的熔断器。如果要在一个有熔断保护的元件上再接线，应考虑线路电容量的增加，防止因电容量增加而使线路损坏或燃烧。

（14）电子部件维护的注意事项。

①应避免由于充电回路绝缘不良、电弧以及高压线圈的插件引起的过高电压，否则带有电子元件的设备等都可能被损坏。

②要避免使电子元件处于高于80℃的条件下。

③切勿在通电状态下连接或切断电子设备。

（15）电线接头使用与线束维修的注意事项。

①用专用的钳子将圆柱状接头嵌紧，以保证机械连接。

②用内壁涂胶的热缩管保证密封。通过装有专用喷管热风机可使热缩管收缩。

四 智能网联汽车的常用仪器、工具和设备

智能网联汽车与传统汽车相比，维护方式和理念发生了很大改变，维护不再是一味地拆装，而是采用"诊断"的方式进行维护，需利用各种检测工具和仪器对车辆进行检测，根据检测结果进行分析，确定正确合理的维护项目。检修常用的工具仪器有试灯、万用表、示波器、汽车故障诊断仪等。

(一) 试灯

汽车检测用试灯分为无源试灯和有源试灯。

1. 无源试灯

无源试灯由 12V 灯泡和一对引线组成,其中一条引线搭铁,用另外一条引线分别接触不同的测试点,检测是否有电压,如图 1-27 所示。

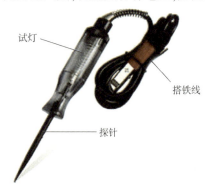

图 1-27 无源试灯

检测方法:将无源试灯一端搭铁,另一端接电气部件电源接头。如灯亮,说明电气部件的电源电路无故障;如灯不亮,再接去向电源方向的第二个接线点,如灯亮,则断路故障在第一接点与第二接点之间。无源试灯的局限性在于它不能显示出被检电路点的电压值是多少。

2. 有源试灯

有源试灯同无源试灯类似,只是自带一个电池电源,连接到一条导线的两端上时,试灯内灯泡点亮,可用于测试线路的通断情况。需要注意的是,不能用有源示灯测试带电电路,否则会损坏试灯。

断路检查:首先断开与电气部件相连接的电源电路,将测试灯一端搭铁,另一端接电路各接点(从电路首端开始)。如果灯不亮,则断路出现在被测点与搭铁之间。

短路检查:首先断开电气部件电路的电源线和搭铁线,测试灯一端搭铁,一端与余下电气部件电路相连接,如灯亮,表示有短路故障(搭铁)存在,然后逐步将电路中连接器拨开、开关打开、拆除部件等,直到灯灭为止,则短路出现在最后开路部件与上一个开路部件之间。

(二) 万用表

万用表是一种多功能、多量程的测量仪表,一般万用表可测量直流电流、直流电压、交流电流、交流电压、电阻和音频电频等,有的还可以测量温度、电容量、电感量及半导体的一些参数等。根据这些参数分析电路工作情况,判断用电器和电气元件好坏。

数字式万用表的测量值由液晶显示屏直接以数字的形式显示,读取方便,有些还带有语音提示功能,如图 1-28 所示。数字式万用表是目前最常用的一种数字仪表。

数字式万用表的全部表示符号、开关操作、显示功能都设置标注在面板上,如图 1-29 所示。数字式万用表的品牌较多,各品牌会存在某些差异,但大多数结构功能是相同的。数字式万用表主要由电源开关、锁定开关、直流数字电压表、模数转换器、指示灯、液晶显示器、功能选择开关、外壳、表笔等组成。

万用表的使用方法如下。

图 1-28 数字式万用表

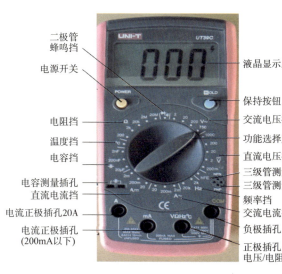 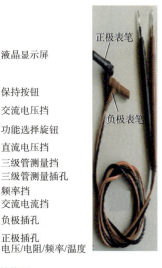

图1-29 数字式万用表结构图

1. 测量电压

(1) 测电压时,把黑表笔插于COM孔中,红表笔插于VΩ孔中,如图1-30所示。

(2) 若测直流电压,则将功能旋钮调到直流电压挡,如图1-31所示;若测交流电压,则将功能旋钮调到交流电压挡,如图1-32所示。

 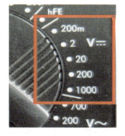 

图1-30 红黑表笔插孔　　图1-31 直流电压挡　　图1-32 交流电压挡

(3) 选择电压量程,如果不知道被测电压范围,将功能开关置于大量程并逐渐降低量程,不能在测量中改变量程。

(4) 把表笔接入被测电路,红表笔探针接触被测电路正端,黑表笔探针接负端,数字式万用表应与被测电路相并联,如图1-33、图1-34所示。

图1-33 交流电压测量示意图　　图1-34 直流电压测量示意图

(5) 为保证测量读数的精确以及测量时的人身和仪表安全,输入电压最大不可超过直流

1000V、交流750V的有效值。

（6）从液晶显示屏读取电压数值并记录。

（7）关闭万用表电源，清洁整理万用表，将万用表归位。

2．测量电流

（1）测量电流时，根据被测电路电流大小选择"10A"或"mA"的电流插孔，若使用mA挡进行测量，须把万用表黑表笔插在COM孔上，把红表笔插在mA挡上；若使用10A挡进行测量，则黑表笔仍插在COM孔上，而把红表笔拔出插到10A孔上，如图1-35所示。

图1-35　红黑表笔插孔（10A挡）

（2）若测量直流电流，则将功能旋钮调到直流电流挡，如图1-36所示；若测交流电流，则将功能旋钮调到交流电流挡，如图1-37所示。

 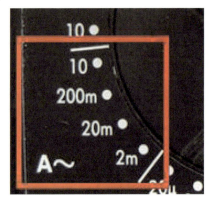

图1-36　交流电流挡　　　　　　　图1-37　直流电流挡

（3）选择电流量程，如果使用前不知道被测电流范围，则将功能开关置于最大量程并逐渐降低量程，不能在测量中改变量程。

（4）断开电路，把表笔接入被测电路，红表笔探针接触被测电路正端，黑表笔探针接负端，数字式万用表应与被测电路串联，如图1-38所示。

（5）表笔插孔上表示最大输入电流为10A，测量过大的电流将会烧坏熔断丝。

（6）接通电路，从液晶显示屏读取电流数值并记录，如图1-39所示。

（7）关闭万用表电源，清洁整理万用表，将万用表归位。

3．测量电阻

（1）测电阻时，把黑表笔插于COM孔中，红表笔插于VΩ孔中，如图1-40所示。

（2）校对万用表，将功能开关调到电阻挡的最低挡位上，如图1-41所示，然后将两表笔短接，显示屏显示出来的数值就是万用表的内阻值，如图1-42所示。万用表内阻值的大小与万用表电池电压的高低有关，万用表的内电阻会随万用表电池电压的下降而增大。测量导线和用电器时，该阻值与其叠加在一起，在确定导线和用电器的阻值时应将其减去。

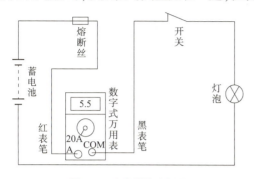

图1-38　电流测量示意图

图1-39　直流电流测量示意图

图1-40　电阻测量红黑表笔插孔

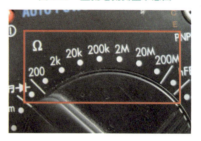

图1-41　电阻挡

（3）根据被测电阻大小，选择合适的量程。
（4）将表笔并接在被测电阻的引脚上，如图1-43所示。

图1-42　校对万用表

图1-43　测量电阻

（5）确认被测电路所有电源已关断且所有电容都已完全放电时，才可进行在线电阻的测量。
（6）从液晶显示屏读取电阻流数值并记录。
（7）关闭万用表电源，清洁整理万用表，将万用表归位。

4．测量电容

（1）将电容两端短接，对电容进行放电，确保数字式万用表的安全。
（2）将功能开关调到电容挡（F挡），并选择合适的量程，如图1-44所示。
（3）在数字万用表上头有一个电容插孔，上面写的是"Cx"，把需要测的电容原件插到里面就可以测量。对于有极性的电容，要注意正负极。电容测量示意图如图1-45所示。

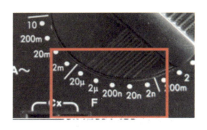 

图 1-44 电容挡　　　　　　　　　图 1-45 电容测量示意图

(4) 如输入后仪表显示"1",则说明已超量程,应换用更高挡位进行测量。

(5) 从液晶显示屏读取电容数值并记录。

(6) 关闭万用表电源,清洁整理万用表,将万用表归位。

用电阻挡检测电容好坏的方法如下:

将数字式万用表拨至合适的电阻挡,用红表笔和黑表笔分别接触被测电容器 Cx 的两极,这时显示值将从"000"开始逐渐增加,直至显示溢出符号"1"。若始终显示"000",说明电容器内部短路;若始终显示溢出,则可能是电容器内部极间开路,也可能是所选择的电阻挡不合适。检查电解电容器时需要注意,红表笔(带正电)接电容器正极,黑表笔接电容器负极。

5. 测量二极管

(1) 将万用表功能开关调到二极管挡,如图 1-46 所示。将黑表笔插于 COM 孔中,红表笔插于 VΩ 孔中,如图 1-47 所示。

 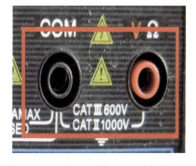

图 1-46 二极管蜂鸣挡　　　　　　图 1-47 二极管测量红黑表笔插孔

(2) 将两个表笔分别触接在二极管的两个极上,然后挑换表笔再分别触接在二极管的两个极上再次测量,如图 1-48 所示。正向测得电压降为 0.5V 左右,反向测量没有数值。

图 1-48 二极管测量示意图

(3)也可以用测电阻的方式进行测量,小功率锗二极管的正向电阻为300~500Ω,硅二极管为1kΩ或更大些,锗二极管的反向电阻为几十千欧,硅二极管的反向电阻在500kΩ以上。若两次测得电阻值都为无穷大,说明二极管断路;若两次测得电阻值都很小,说明二极管已被击穿。

(4)关闭万用表电源,清洁整理万用表,将万用表归位。

6.测量温度

(1)将功能开关置于温度挡,如图1-49所示。

(2)测量温度时,将热电偶传感器的冷端(自由端)插入温度测试插座中,热电偶的工作端(测温端)置于待测物上面或内部,如图1-50所示。

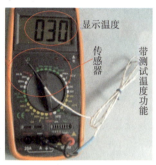

图1-49　温度挡　　　　　　图1-50　温度传感器连接

(3)从显示器上读取温度值,读数单位为摄氏度。

(4)关闭万用表电源,清洁整理万用表,将万用表归位。

万用表测量温度的设计为:当热电偶插入温度插座后,自动显示当前温度,当热电偶传感器开路时,显示常温。

7.万用表使用注意事项

(1)万用表应当在清洁、干燥、环境温度适宜、无外界强电磁场干扰、没有震动和冲击的条件下使用。

(2)避免出现用电流挡去测电压、用电阻挡去测电压或电流、用电容挡去测带电的电容器等,以免损坏仪表。

(3)测量之前必须明确准备测量什么和怎样去测量,然后选择相应的测量项目及合适的量程。如果无法预先估计被测电压或电流的大小,则应先拨至最高量程挡测量一次,再视情况逐渐把量程减小到合适位置。测量完毕后,应将量程开关拨到最高电压挡,并关闭电源。

(4)当显示"BATT"或"LOW BAT"时,表示电池电压低于工作电压,测量的数值不准确,需要换新电池。换新电池时,正、负极性不得安装反,否则仪表不能正常工作,还极易损坏集成电路。

(5)在使用万用表过程中,不能用手去接触表笔的金属部分,这样一方面可以保证测量的准确,另一方面也可以保证人身安全。

(6)测量电压时,万用表应与被测电路并联。

(7)测量某电路电阻时,使用前万用表要调零(校准);必须切断被测电路的电源,不得带电测量电阻。

(8)测量电流时,应把万用表串联到被测电路中。

(9)测量电容器时,电容插座的极性应与被测电容器的极性保持一致。测量之前必须将电容器短路放电,以免损坏仪表。

(10)在测量某一电量时,不能在测量的同时换挡,尤其是在测量高电压或大电流时更应注意,否则会使万用表毁坏。如需换挡,应先断开表笔,换挡后再去测量。

(11)刚开始测量时仪表会出现跳数现象,应等显示值稳定后再读数。

(12)万用表应定期(每隔半年或一年)校准,校准时应选用同类或精度更高的数字仪表,按先校直流挡、然后校交流挡、最后校电容挡的顺序进行。

(13)为了延长电池的使用寿命,每次用完时应将电源开关换至"OFF"位置。长期不用的情况下要取出万用表中的电池,防止因电池漏出电解液而腐蚀印制电路板。

(14)清洗表壳、晶体管插口或电容器插座时,可用无水酒精棉球擦去污垢,严禁使用汽油、丙酮等有机溶剂。

(三)示波器

广义上说,示波器是描述任何一种用来观察、测量或记录瞬间物理现象并以图形形式给出结果的电子仪器。作为工科所学专业,在日常使用当中用于显示和记录随时间变化的电量(如电压、电流等)的仪器称为示波器。示波器能够看到电子信号,它是帮助技术人员做出各种各样调整的重要工具。原始的示波器产生二维图形,垂直坐标对应着输入端电压,而水平坐标对应着时间,如图1-51所示。

示波器的基本功能是将电信号转换为可以观察的视觉图形,以便人们观测。利用传感器将各种物理参数转换为电信号后,可利用示波器观测各种物理参数的数量和变化。

1. 汽车专用示波器

汽车专用示波器,顾名思义就是用来检测汽车电子电路故障的示波器,如图1-52所示。汽车专用示波器在汽车电子控制故障诊断中主要用于汽车传感器、点火波形、执行器及ECU输入/输出控制信号波形的检测和电路分析。

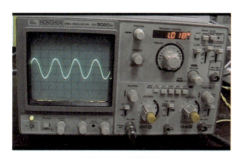

图1-51 示波器

图1-52 MT2400汽车专用示波器

2. 汽车专用示波器的功能

(1)快速捕捉电路信号并以波形形式显示。

(2)储存信号波形。

(3)故障排除前后波形对比。

汽车专用示波器的诞生为汽车修理技术人员快速判断汽车电子设备故障提供了有力的工具。通过汽车专用示波器可以观察到汽车电子系统是如何工作的;通过观察汽车专用示波器波形能够查出故障码所指出的电路故障,进而排除故障;通过故障排除前后波形对比,可以确认故障是否真正被排除。

3. 汽车专用示波器的检测原理

汽车专用示波器检测汽车电控系统的各个部件是否正常,主要是通过对其电子信号具有的五个参数指标(幅值、频率、形状、脉宽、阵列)的测量来进行对比判断。

汽车电子控制系统中的传感器、执行器、电气系统及电子控制单元等之间通过五种基本类型的电子信号进行工作。它们分别是直流(DC)信号、交流(AC)信号、频率调制信号、脉宽调制信号和串行数据(多路)信号。

4. 汽车专用示波器使用注意事项

(1)测试点火高压线时,必须使用专用的电容探头,不能将示波器探头直接接入点火次级电路。

(2)使用汽车专用示波器时,要远离热源,如排气管、催化转换器等,温度过高会损坏仪器。要注意测试线尽量离开风扇叶片、皮带等转动部件。

(3)测试时确认发动机舱盖的液压支撑完好无损,防止发动机舱盖自动下降时伤及头部或损坏汽车专用示波器。

(4)路试中,不要将汽车示波器放在仪表台上方,最好是拿在手中测试。

(四)汽车故障诊断仪

汽车故障诊断仪是车辆故障自检终端,是用于检测汽车故障的便携式智能网联汽车故障自检仪,用户可以利用它迅速地读取汽车电控系统中的故障,并通过液晶显示屏显示故障信息,迅速查明发生故障的部位及原因。

汽车故障诊断仪分为通用型故障诊断仪和专用型故障诊断仪。通用型故障诊断仪主要有博世 KT600、KT660 系列,如图 1-53 所示。专用型故障诊断仪有大众 VAS 6150、宝马 ISTA 等,如图 1-54 所示。

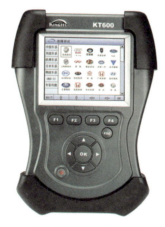

图 1-53　KT600 诊断仪

图 1-54　宝马 ISTA 诊断仪

汽车故障诊断仪是维修中非常重要的工具,一般具有如下几项或全部的功能:读取故障码、清除故障码、读取发动机动态数据流、示波、元件动作测试、匹配、设定和编码、英汉辞典、计算器及其他辅助功能。汽车故障诊断仪是一款功能非常强大的仪器,对于智能网联汽车来说,是非常重要的诊断工具。

1. 故障诊断

汽车故障诊断仪大都随机带有使用手册,按照使用手册极易操作。汽车故障诊断仪的操作步骤如下:

(1)在车上找到诊断座。

(2)选用相应的诊断接口。

(3)根据车型,进入相应诊断系统。

(4)读取故障码。

(5)查看数据流。

(6)诊断维修之后清除故障码。

2. 编程设码

(1)编程。

编程(也称擦写编程)时将新程序存入控制单元内。控制单元的程序状态相当于操作系统,负责控制控制单元内的计算机程序。数据状态包括相关车辆、发动机和变速器的特性曲线簇和特性曲线。为具体控制单元编程时,编程程序自动考虑上述因素,为控制单元编程后自动执行所需设码程序。

(2)设码。

设码时根据具体车辆调整控制单元。这意味着系统根据车辆订单开通或启用功能和特性曲线簇。

(3)个性化设置。

在早期的车辆上,个性化设置按钮用于将针对具体用户的车辆和钥匙记忆功能设置转移到某些电气系统上。在带有个性化配置的车辆上,用户可以直接进行个性化设置。

(4)编程设码有以下优点:

①可以简便快捷地进行加装和改装,无须更换控制单元。

②可改进现有功能。

③可引入新功能。

④可减少硬件类型。

⑤可对各市场的法规要求快速作出反应。

⑥可灵活调整以保证质量。

⑦可快速支持技术改进活动。

⑧可开通密码销售附加功能,如扩展型语音处理功能或提高最高车速功能。

编程的最后一步是输入个性化(车况维护)CBS 数据,将这些数据写回控制单元内并进行检查,随后根据需要执行自动初始化进程,然后结束自动编程流程。后续初始化设置需要用户干预才能执行,在编程结束后再次诊断,确保没有故障后,再删除所有故障代码存储器记录。

对于智能网联汽车来说,其维护更多的就是进行程序升级改进,因而主要工作就是利用汽车故障诊断仪进行编程设码。

技能实训

(一)准备工作

(1)熟悉相关的电气安全常识和理论知识。
(2)熟悉万用表、诊断仪的使用方法。
(3)需要准备的工具:智能网联汽车1辆、安全工作指示牌、车内外防护套件、绝缘手套、数字式万用表、汽车故障诊断仪、蓄电池、电路组件。

(二)技术要求与注意事项

(1)新能源车辆含高压部件,未经教师允许不得私触碰高压部件。
(2)接触高压部件时可能发生触电伤害。
(3)未经教师允许不得私自起动车辆。
(4)使用万用表前先进行校正。
(5)电流测量注意事项:
①注意电流类型(AC/DC)。
②注意红表笔插孔位置与量程(mA/10A/20A)选择有关。
③注意直流电流的极性。
④电流表与用电器串联。
⑤确保电路无误后再通电测量。
⑥测量后调到最大交流电压量程,插孔还原。
(6)电压测量注意事项:
①确保测量搭铁良好,实车不能选错参考点。
②必须设置电压类型(AC/DC)。
③电压表与被测对象并联。
④选择合适的量程。
⑤测量直流电压时,注意极性。
⑥测量后,调到最大的交流电压量程。
(7)电阻测量注意事项:
①测量用电器电阻时,电路断电。
②去除与用电器相并联电路(断路)。
③表笔插孔要正确(VΩ挡)。
④选择合适的量程,然后并联到待测电阻上。
⑤测量前后校表并算出实测值。

(8)使用汽车故障诊断仪时,要根据不同车型选取合适的诊断接头;确保诊断接头与诊断仪连接牢固。

(9)使用过程中注意保护诊断仪,使用触控笔进行界面操作。

(10)实训结束后做好5S管理及安全防护。

(三)基本检查

功能检查前,应对故障车辆进行基本检查,排除车辆可能存在的问题。基本检查的内容包括:车辆外观是否正常、轮胎及底盘部件是否正常、发动机舱内是否正常、灯光电器能否正常使用。

做好车辆防护个人防护。

(四)智能网联汽车结构认知

做好设备防护和个人防护后进行智能网联汽车结构认知,填写完成表1-1。

智能网联汽车结构认知　　　　　表1-1

序号	名称	识别内容	识别结果
1	激光雷达识别	部件外观	
		接口	
		控制模块	
2	毫米波雷达识别	外观	
		接口	
		控制模块	
3	摄像头识别	外观	
		接口	
		控制模块	
4	计算单元识别	外观	
		接口	
5	自动转向识别	外观	
		接口	
		控制模块	
6	自动制动识别	外观	
		接口	
		控制模块	
7	智能座舱识别	ACC	
		AEB	
		AP	
8	5S管理	清洁、清理、清扫、整顿、素养	

(五)数字式万用表的使用

做好设备防护和个人防护后,依次进行电压测量练习、电阻测量练习、电流测量练习现场 5S 管理等实训内容,填写完成表 1-2。

数字式万用表的使用　　　　　　　　　　　　　　　表 1-2

序号	名称	实训内容	实训结果
1	测量蓄电池电压	校表	
		线路连接	
		测量值	
2	测量电阻丝电阻	校表	
		线路连接	
		测量值	
3	测量电路电流	校表	
		线路连接	
		测量值	
4	5S 管理	清洁、清理、清扫、整顿、素养	

(六)汽车故障诊断仪的使用

做好设备防护和个人防护后,依次进行识别诊断仪及诊断接头;根据车辆选取合适的诊断接头,连接诊断接头;读取故障码、分析故障码;读取数据流、分析数据流现场 5S 管理等实训内容,填写完成表 1-3。

汽车故障诊断仪的使用　　　　　　　　　　　　　　表 1-3

序号	名称	实训内容	实训结果
1	识别诊断仪	外观	
		操作界面	
		诊断接头	
2	连接诊断仪	选取诊断接头	
		连接诊断仪	
3	读取故障码	故障码	
		故障码分析	
4	读取数据流	数据流	
		数据流分析	
5	5S 管理	清洁、清理、清扫、整顿、素养	

(七)质量检查

由教师检查实训结果,并针对实训过程出现的问题提出改进措施建议,填写完成表 1-4。

教学质量评价表　　　　　　　　　　　　　　　　　　　　　　表1-4

评价及改进建议			
序号	评价内容	评价结果	改进建议
1	安全防护		
2	智能网联汽车部件识别		
3	万用表的使用		
4	汽车故障诊断仪的使用		
综合评语			

(八) 评价反馈

根据自己在实训过程中的表现进行自我评价,开展小组间互评及教师点评,填写完成表1-5。

自我评价:_____。

小组互评:_____。

教师点评:_____。

实　训　成　绩　单　　　　　　　　　　　　　　　　　　　　表1-5

序　号	项　　目	评分标准	分　　值	得　　分
1	操作前准备	工具设备准备准确、全面,少一个扣1分	5	
2	安全防护准备	放置安全工作指示牌、铺设车辆防护、检查绝缘手套,少一个扣1分	5	
3	智能网联汽车部件识别	就车指认各部件的名称,指认准确无误,描述清晰完整,少一个扣2分	20	
4	数字式万用表的使用	使用正确方法测量电压,测量结果正确; 使用正确方法测量电压,测量结果正确; 使用正确方法测量电压,测量结果正确	30	
5	汽车故障诊断仪的使用	识别诊断仪及诊断接头; 正确连接诊断接头; 读取故障码、分析故障码; 读取数据流、分析数据流	30	
6	安全与5S管理	要求着装规范整洁,操作规范,无事故,爱护设备,保持实训环境清洁有序; 实训过程中掉落工具、野蛮操作、损坏工具、遗留工具、零件,未整理清扫场地的,酌情扣分	10	

思考与练习

一、判断题

1. 智能网联汽车通常又称为智能汽车、自动驾驶汽车等。　　　　　　　　　　(　　)

2. ACC 设置好所需车速后,车辆自行保持此速度不会改变。 （　）
3. 驾驶人对碰撞预警采取制动或避让措施,AEB 就不会启动。 （　）
4. 盲区监测也称并线辅助或车道变更警告。 （　）
5. 使用自动泊车功能时,不需要驾驶人进行辅助操作。 （　）
6. 在目前阶段,乘坐无人驾驶出租汽车都需要实名认证。 （　）
7. 无人驾驶物流车只能按照设定好的顺序进行配送。 （　）
8. 检查控制单元时,可以用手触碰控制单元的针脚。 （　）
9. 使用电线接头或维修线束时,要用绝缘胶布进行密封。 （　）
10. 测量电流时,应把数字式万用表串联到被测电路中。 （　）

二、选择题
1. 汽车高级辅助驾驶系统功能通常包括(　　)。
　A. 自适应巡航控制(ACC)　　　　　　B. 自动紧急制动(AEB)
　C. 自动泊车(AP)　　　　　　　　　　D. 前方防撞预警(FCW)
2. 特定场景高等级的自动驾驶车辆主要有(　　)。
　A. 无人驾驶货车　　　　　　　　　　B. 无人驾驶运输车
　C. 无人驾驶物流车　　　　　　　　　D. 无人驾驶清扫车
3. 智能网联汽车维护过程中常用的安全装备有(　　)。
　A. 保护手套　　　B. 安全鞋　　　C. 洗手液　　　D. 工作服
4. 电流对人体产生伤害的形式有(　　)。
　A. 肌肉刺激效应　　B. 电击效应　　C. 热效应　　D. 电磁效应
5. 智能网联汽车电气检修常用的工具仪器有(　　)。
　A. 胎压表　　　　　　　　　　　　　B. 数字式万用表
　C. 汽车专用示波器　　　　　　　　　D. 汽车故障诊断仪
6. 汽车专用示波器的功能有(　　)。
　A. 快速捕捉电路信号并以波形形式显示　B. 功能测试
　C. 储存信号波形　　　　　　　　　　D. 故障排除前后波形对比

三、简答题
1. 什么是智能网联汽车?
2. 智能网联汽车维护检测常用的工具设备有哪些?
3. 新能源智能网联汽车维护的注意事项有哪些?
4. 如何使用数字式万用表进行电路电阻、电压测量?
5. 什么是编程设码?

模块二　智能网联汽车环境感知系统的维修与故障排除

学习目标

▶ **知识目标**

1. 了解环境感知的组成；
2. 掌握各种环境感知传感器的原理和维修方法。

▶ **技能目标**

1. 能对环境感知系统故障原因进行分析；
2. 能完成毫米波雷达、超声波雷达、激光雷达、视觉传感器、定位与惯性导航传感器等环境感知传感器的装调、检测与维修。

▶ **素养目标**

1. 培养学生具有严谨态度、爱岗敬业、勇于创新的精神；
2. 通过实训培养学生用于实践、敢于动手的精神。

建议课时

24 课时

  环境感知技术

（一）智能网联汽车环境感知传感器的组成

智能网联汽车环境感知传感器主要包括车载毫米波雷达、超声波雷达、激光雷达、视觉传感器等，它们在智能网联汽车上的配置与自动驾驶级别有关，自动驾驶级别越高，所配置的传感器越多。

典型智能网联汽车环境感知传感器的基本组成和数量见表 2-1。

模块二　智能网联汽车环境感知系统的维修与故障排除

典型智能网联汽车环境感知传感器的基本组成和数量　　　　表2-1

传　感　器	数量(个)	最小感知范围	备　注
环视摄像头(高清)	4	8m	(1)前向和侧向毫米波雷达不能互换； (2)毫米波雷达和激光雷达互为冗余； (3)由于传感器供应商不同，故数据存在出入，仅供参考
前视摄像头(单目)	1	50°/150m	
超声波雷达	12	5m	
侧向毫米波雷达(24GHz)	4	110°/60m	
前向毫米波雷达(77GHz)	1	−15°/170m	
激光雷达	1	110°/100m	

(二)环境感知传感器的一般故障排查和维修步骤

环境感知传感器是智能网联汽车感知端的总称，在高度模块化、集成化、标准化、规范化的今天，汽车环境感知传感器的检测方式和维修步骤趋于大同，只有在细节方面稍有偏差。

步骤一：传感器外观和安装状态检查

目测是检查的第一步，需检测传感器的外观和安装状态。其主要检查传感器是否破损、传感器是否有进水痕迹、安装位置是否正确、安装是否牢固、固定底座是否变形。

此外，检查传感器线束和线束接口是否出现破损、虚焊、进水、烧灼等情况，并根据情况进行记录。

步骤二：检测硬件线路

使用工具对传感器硬件故障进行排查。所有传感器硬件线路排查的第一步都是检测供电线路。

首先使用万用表的电压挡检测传感器是否工作在工作电压状态。同时，使用非接触式测温仪测量传感器温度是否在工作温度范围内。若出现电压不在工作电压状态或者温度不正常的情况，此时可以串入电流表，查看电流表读数。若电流值为零或者大于正常值，则有可能是传感器内部元件损毁所致。

接着检查搭铁线路的电阻。一般情况下，搭铁线路电阻应小于1Ω，使用万用表欧姆挡检测搭铁线路，排查是否出现搭铁不良的情况。

然后检查传感器信号回路。不同的传感器，有不同的通信协议，所以使用的通信信号线个数、类型也会有所不同。根据传感器的实际情况，使用示波器或者万用表，检测传感器信号回路是否有信号收发或者电平的跳变。根据对应的通信协议，将当前检测结果与手册正常值进行对比，排查是否是通信故障导致。

步骤三：使用检测软件对传感器模块进行测试

当硬件线路检测结束后，在确保供电正常的情况下，可以使用传感器检测软件对传感器进行自检。打开软件进入调试界面，查看传感器回传信息，根据回传结果，查询传感器手册，判别故障类型。

步骤四：故障维修及维修结果检验

根据以上三步对故障点的排查情况，对故障点进行定位。若传感器损坏，应进行更换；

若传感器线路老化、虚焊、松脱等,应对线路进行更换、焊接、固定;若出现短路情况,需要根据具体车况,使用万用表等仪器,寻找短路点;若出现通信故障,应使用对应通信故障排除方法排除或通过更新系统、恢复出厂设置等软件手段排除故障。

在对故障部位进行检修后,重新对该功能进行检查,并记录结果。

毫米波雷达

(一)毫米波雷达的应用范围和在汽车上的布置

1. 毫米波雷达的应用范围

把毫米波雷达安装在汽车上,可以测量从雷达到被测物体之间的距离、角度和相对速度等。利用毫米波雷达可以实现自适应巡航控制、前方防撞预警、盲点检测(Blind Spot Detection,BSD)、辅助停车(Parking Aid,PA)、辅助变道(Lane Change Assistant,LCA)等高级驾驶辅助系统功能。

2. 毫米波雷达在汽车上的布置

毫米波雷达目前主要应用于中高端车型,随着大众对汽车主动安全性能的认可度增加,ADAS 相关产品将逐渐向低端车型普及。

目前汽车毫米波雷达处于高速发展中,一般支持 ADAS 功能的汽车会使用 2 个或 3 个毫米波雷达,全新奥迪 A4 使用 5 个毫米波雷达,奔驰的 S 级汽车采用 7 个毫米波雷达,预计未来单车采用毫米波雷达的平均数量将继续增长。

比较常见的汽车毫米波雷达工作频率在 24GHz 和 77GHz 附近。24GHz 雷达系统主要实现近距离探测(SRR),而 77GHz 系统主要实现远距离探测(LRR)。完全实现 ADAS 各项功能一般需要"1 长 +4 中短",即 5 个毫米波雷达。奔驰 S 级汽车 7 个毫米波雷达的布置如图 2-1 所示。

图 2-1 奔驰的 S 级 7 个毫米波雷达布置

以自动跟车型 ACC 功能为例,一般需要 3 个毫米波雷达。汽车正中间为一个 77GHz 的 LRR,探测距离在 150~250m 之间,角度约为 10°;汽车两侧各有一个 24GHz 的 MRR,角度均为 30°,探测距离在 50~70m 之间。

(二)毫米波雷达的检修与拆装

在智能网联汽车中,会出现自适应巡航控制功能无法开启的情况,有可能是毫米波雷达出现故障。

步骤一:毫米波雷达外观和安装状态检查

首先检测传感器的外观和安装状态。其主要检查传感器是否破损、传感器是否有进水痕迹、安装位置是否正确、安装是否牢固、固定底座是否变形。

毫米波雷达的检修与应用

然后检查毫米波线束和线束接口是否出现虚接、破损、进水、烧蚀以及异物等情况等情况,并根据情况进行记录。

步骤二:检测毫米波雷达硬件线路

查看对应毫米波雷达技术手册,查看硬件的线路连接图,使用工具对毫米波雷达硬件故障进行排查。

首先使用万用表的电压挡检测传感器是否工作在工作电压状态,一般毫米波雷达的工作电压标准值为12V,但具体型号需要查看其技术手册。同时,使用非接触式测温仪测量传感器温度是否在工作温度范围内。若出现电压不在工作电压状态或者温度不正常的情况,此时可以串入电流表,查看电流表读数。若电流值为零或者大于正常值,则有可能是毫米波雷达内部模块损毁所致。

接着对搭铁线路的电阻进行检测。一般情况下,搭铁线路电阻应小于1Ω,使用万用表欧姆挡检测搭铁线路,排查是否出现搭铁不良的情况。

然后检查毫米波雷达信号线回路。毫米波雷达一般使用CAN(Controller Area Network,控制器局域网络)总线协议。我们可以使用示波器或者万用表,检测毫米波雷达信号回路是否有信号收发或者电平的跳变。检测CAN_H信号线,其标准值是2.7V;检测CAN_L信号线,其标准值是2.3V。或者,使用CAN总线分析仪来检测CAN通信的正确性。根据CAN总线通信协议,将当前检测结果与手册正常值进行对比,排查是否是通信故障导致。

步骤三:使用检测软件对毫米波雷达进行测试

当毫米波雷达硬件线路检测结束后,在确保其供电正常的情况下,使用毫米波雷达厂家提供的检测软件,对毫米波雷达进行自检。打开软件进入调试界面,查看毫米波雷达回传信息,根据回传结果,查询其技术手册,判别故障类型。

步骤四:毫米波雷达故障维修、更换及维修结果检验

根据以上三步对故障点的排查情况,对故障点进行定位。若毫米波雷达损坏,应进行更换;若毫米波雷达线路老化、虚焊、松脱等,应对线路进行更换、焊接、固定;若出现短路情况,需要根据具体车况,使用万用表等仪器,寻找短路点;若出现CAN总线通信故障,应使用对应通信故障排除方法排除或通过更新系统、恢复出厂设置等软件手段排除故障。

在拆解更换过程中,要注意毫米波雷达线束的正确连接。在完成毫米波雷达更换后,需要使用调试软件对更换好的毫米波雷达进行调试,具体维修实际操作流程详见本模块技能实训一、二。

三 超声波雷达

（一）超声波雷达的应用范围和在汽车上的布置

1. 超声波雷达的应用范围

超声波雷达在智能网联汽车中最常见的应用是自动泊车辅助系统。自动泊车辅助系统包含 8 个 PDC 传感器（用于探测周围障碍物）和 4 个 PLA 传感器（用于测量停车位的长度）。当驾驶人驾驶汽车以 30km/h 以下速度行驶，且侧面与其间距保持在 0.5~1.5m 时，PLA 传感器会自动检测两侧外部空间，探测到的所有合适的空间都会被系统储存下来，按下换挡手柄右侧自动泊车功能键便可在仪表板显示屏上显示此时的周围状态。如果空间足够泊车，驾驶人可以停车后挂入倒挡，并慢速倒车。系统会按照事先计算好的轨迹自动控制前轮转向，而无须驾驶人操纵转向盘。在自动泊车完成之后，驾驶人还可以在前后 PDC 传感器的帮助下将车辆进一步停正。

超声波雷达在智能网联汽车中是不可或缺的，它相当于人类的"眼睛"，帮助驾驶人确定物体的位置、大小、外部形貌甚至材质，在整个人工智能产业中充当着举足轻重的角色。

2. 超声波雷达在汽车上的布置

1）超声波雷达探头

超声波雷达探头装在后保险杠上，根据不同的车型，探头有 2、3、4、6 只不等，分别用于探测汽车前后左右方向。超声波雷达探头以 45°辐射，上下左右搜寻目标。其最大的好处是能探索到那些驾驶人从后窗难以看见的障碍物并报警。超声波雷达探头的安装位置如图 2-2 所示。

图 2-2 超声波雷达探头安装位置

车后探头：倒车时，车后探头启动，发出超声波，当超声波遇到障碍物将会反射回来，雷达接收反射波并计算，通过声音、数字、光条等提示方式，提示驾驶人距障碍物的距离。

车前探头：车辆加速、制动时，车前的探头启动，探测障碍物。松开制动踏板，车前探头会延时工作 20s 左右，方停止工作。车前的探头能够在面积较小的区域转弯、堵车或进入停车场时为行车安全提供保障。

2）布置

目前倒车雷达系统被各种轿车作为汽车电装品的标准配置，例如：德国的奔驰、宝马、美国的别克、通用、日本的日产、丰田、本田等。通常一套汽车倒车雷达需要安装 4 个超声波雷达，而自动泊车系统是在倒车雷达系统的基础上，再增加 4 个超声波驻车辅助超声波雷达和 4 个自动泊车辅助超声波雷达。

很多品牌都推出了汽车自动泊车功能，该功能都要通过超声波雷达来实现。宝马的

模块二　智能网联汽车环境感知系统的维修与故障排除

i 系、7 系支持使用车钥匙遥控汽车自动泊车,在操作过程中用户只需要发出前进或后退两个指示,汽车就会持续使用超声波雷达检测车位和障碍物,自动操作转向盘和制动器,实现自动泊车;大众第三代超声波半自动泊车系统通常使用 6~12 个超声波雷达,车后部的 4 个短距超声波雷达负责探测倒车时与障碍物之间的距离,两侧的长距超声波雷达负责探测停车位空间。汽车自动泊车功能示意图如图 2-3 所示。

图 2-3　汽车自动泊车功能示意图

(二)超声波雷达的检修

在智能网联汽车中,会出现汽车自动泊车失灵或者超声波雷达无法开启的情况。

超声波雷达的检修

步骤一:超声波雷达的外观和安装状态检查

首先检测超声波雷达的外观和安装状态。其主要检查超声波是否破损、超声波雷达探头是否脏污、安装位置是否正确、安装是否牢固、固定底座是否变形。

然后检查超声波雷达线束和线束接口是否出现虚接、破损、进水、烧蚀以及异物等情况等情况,并根据情况进行记录。

步骤二:检测超声波雷达硬件线路

查看对应超声波雷达技术手册,查看硬件的线路连接图,使用工具对超声波雷达硬件故障进行排查。

首先使用万用表的电压挡检测超声波雷达是否工作在工作电压状态,一般超声波雷达的工作电压标准值为 12V,但具体型号需要查看其技术手册。同时,使用非接触式测温仪测量传感器温度是否在工作温度范围内。若出现电压不在工作电压状态或者温度不正常的情况,此时可以串入电流表,查看电流表读数。若电流值为零或者大于正常值,则有可能是超声波雷达内部模块损毁所致。

接着对搭铁线路的电阻进行检测。一般情况下,搭铁线路电阻应小于 1Ω,使用万用表欧姆挡检测搭铁线路,排查是否出现搭铁不良的情况。

然后检查超声波信号线回路。超声波雷达一般使用的是模拟输出、I2C 协议或 USB 协议。

通过查找待检测超声波雷达的用户手册,确定超声波雷达的输出类型。如果是模拟输出或者 I2C 协议,我们可以使用示波器或者万用表,检测超声波雷达信号回路是否有信号收

33

发或者电平的跳变。如果是 USB 协议,我们可以使用 USB 调试工具来检查。

对于模拟输出类型的超声波雷达,可以使用物体遮挡在超声波雷达前方,通过移动遮挡板到超声波雷达的距离,用电压表观察超声波雷达模拟输出口是否有稳定的电压变化,如果有,说明超声波雷达信号线无异常。

对于 I2C 协议输出类型的超声波雷达,可通过硬件初步检查检测 SCL 引脚是否有电平变化,若一直为高电平,则说明 I2C 协议出现异常。另外,可以使用示波器或者逻辑分析仪,对 SCL、SDA 的波形进行抓取,以便于对 I2C 协议进行详细的分析和问题查找定位。同时,注意 SCL、SDA 两根线的连接顺序,是否出现交叉反接的情况,要避免虚焊或者短路情况的出现。

对于 USB 协议输出类型的超声波雷达,可以使用 USB 协议分析仪来检测通信的正确性。根据 USB 通信协议,将当前检测结果与手册正常值进行对比,排查是否是通信故障导致。

步骤三:使用检测软件对超声波雷达进行测试

当超声波雷达硬件线路检测结束后,在确保其供电正常的情况下,使用超声波雷达厂家提供的检测软件,对超声波雷达进行自检。打开软件进入调试界面,查看超声波雷达回传信息,根据回传结果,查询其技术手册,判别故障类型。

步骤四:超声波雷达故障维修、更换及维修结果检验

根据以上三步对故障点的排查情况,对故障点进行定位。若超声波雷达损坏,应进行更换;若超声波雷达线路老化、虚焊、松脱等,应对线路进行更换、焊接、固定;若出现短路情况,需要根据具体车况,使用万用表等仪器,寻找短路点;若出现通信故障,应使用对应通信故障排除方法排除或通过更新系统、恢复出厂设置等软件手段排除故障。

在拆解更换过程中,要注意超声波雷达线束的正确连接。在完成超声波雷达更换后,需要使用调试软件对更换好的超声波雷达进行调试,如 pcl_viewer 工具或点云库可视化工具。具体过程详见技能实训中超声波雷达更换与测试的部分。

在对故障部位检修完成后,重新对该功能进行整车调试,并记录结果。具体维修实际操作流程详见本模块技能实训三、四。

四 激光雷达

(一)激光雷达的应用范围和在汽车上的布置

1. 激光雷达的应用范围

车载激光雷达目前在国际上和国内都有了很多应用,发展前景很被看好。但与航空雷达类似,其核心的惯性测量单元(Inertial Measurement Unit,IMU)依然依靠进口,严重制约了其国内应用的发展。车载激光雷达主要用于城市型数据采集,即道路、房屋建筑、海岸线、轨道等地物,通过集成 IMU 及全球定位系统(Global Position System,GPS)的激光扫描仪,可以实时移动获取扫描数据,并通过经标定的高速摄像机获取对应影像用于后续贴纹理等处理。

国内现有的移动激光扫描系统有北京富斯德公司代理的 Riegl VMX-250 移动激光扫描系统、北京德可达公司代理的 StreetMapper 移动激光扫描系统、北京麦格天富代理的 Landmark 移动激光扫描系统等。这些移动激光扫描系统都是在汽车顶部安装 1~3 个经定标的激光扫描仪,并集 POS 系统(IMU + GPS)和各类高速摄影机于一体。

2. 激光雷达在汽车上的布置

由于成本偏高,激光雷达一直没有大规模应用,但很多汽车企业都致力于将激光雷达应用于车上。早在 2017 年,奥迪就曾经将激光雷达技术用于 A8L 上,其采用的是法雷奥第一代 SCALA 激光雷达,主要用于堵车状况下的自动辅助驾驶,如图 2-4a)所示。从 2018 年到现在,激光雷达有了长足的发展,Legend 的 L3 自动驾驶系统上装载了 5 颗 SCALA 激光雷达,如图 2-4b)所示。

a) 奥迪A8L激光雷达　　　　b) Legend激光雷达

图 2-4　激光雷达在车上的应用

(二) 激光雷达的检修

在智能网联汽车中,会出现车辆自动制动辅助系统失效或者激光雷达无法开启的情况。

激光雷达的检修

步骤一:激光雷达的外观和安装状态检查

首先检测激光雷达的外观和安装状态。其主要检查激光雷达是否破损、探头是否脏污、安装位置是否正确、安装是否牢固、固定底座是否变形。

然后检查激光雷达线束和线束接口是否出现虚接、破损、进水、烧蚀以及异物等情况等情况,并根据情况进行记录。

步骤二:检测激光雷达硬件线路

查看对应激光雷达技术手册,查看硬件的线路连接图,使用工具对激光雷达硬件故障进行排查。

首先使用万用表的电压挡检测激光雷达是否工作在工作电压状态,一般激光雷达的工作电压标准值为 12V,但具体型号需要查看其技术手册。同时,使用非接触式测温仪测量传感器温度是否在工作温度范围内。若出现电压不在工作电压状态或者温度不正常的情况,此时可以串入电流表,查看电流表读数。若电流值为零或者大于正常值,则有可能是激光雷达内部模块损毁所致。

接着对搭铁线路的电阻进行检测。一般情况下,搭铁线路电阻应小于 1Ω,使用万用表欧姆挡检测搭铁线路,排查是否出现搭铁不良的情况。

然后检查网络信号线回路。激光雷达一般使用以太网传输。此时,可使用网络分析仪来检测通信的正确性。根据以太网通信方式,将当前检测结果与手册正常值进行对比,排查是否是通信故障导致。

步骤三：使用检测软件对激光雷达进行测试

当激光雷达硬件线路检测结束后，在确保其供电正常的情况下，使用激光雷达厂家提供的检测软件，对激光雷达进行自检。打开软件进入调试界面，查看激光雷达回传信息，查看是否有点云输出，输出是否正确，根据回传结果，查询其技术手册，判别故障类型。

步骤四：激光雷达故障维修、更换及维修结果检验

根据以上三步对故障点的排查情况，对故障点进行定位。若激光雷达损坏，应进行更换；若激光雷达线路老化、虚焊、松脱等，应对线路进行更换、焊接、固定；若出现短路情况，需要根据具体车况，使用万用表等仪器，寻找短路点；若出现通信故障，应使用对应通信故障排除方法排除或通过更新系统、恢复出厂设置等软件手段排除故障。

在拆解更换过程中，要注意激光雷达线束的正确连接。在完成激光雷达更换后，需要使用调试软件对更换好的激光雷达进行调试，如 rviz 点云可视化工具。具体过程详见技能实训中激光雷达更换与测试的部分。

在对故障部位检修完成后，重新对该功能进行整车调试，并记录结果。具体维修实际操作流程请详见本模块技能实训五、六。

五 视觉传感器

（一）视觉传感器的安装及应用

如图 2-5 所示，特斯拉 Autopilot 2.0 汽车拥有 3 个前视视觉传感器、1 个后视视觉传感器、2 个侧视视觉传感器、12 个超声波雷达和 1 个安装在车身上的毫米波雷达。

图 2-5　特斯拉 Autopilot 2.0 汽车的前视三目视觉传感器测试场景

智能网联汽车的视觉传感器可实现车道偏离警告、前方防撞预警、行人碰撞预警、交通标志识别、盲点监测、驾驶人注意力监控、泊车辅助和车道保持辅助等功能。

一般情况下，视觉传感器在汽车上的安装位置如图 2-6 所示。汽车全景环视系统包括多个安装在汽车周围的视觉传感器、图像采集组件、视频合成处理组件、数字图像处理组件和车辆显示器。

这些装置可以同时采集车辆周围的图像，对图像处理单元进行变形恢复→视图转换→图像拼接→图像增强的过程，最终形成车辆360°全景视图。

通过更复杂的空间图像拼接算法,可以消除传统俯视图拼接带来的近距离畸变,提供一种立体环视的效果,能够更好地辅助驾驶人感知车辆周围环境。

(二)视觉传感器故障分析

视觉传感器通过不同算法,从信息采集单元采集到的环境信息中识别出道路、车辆、行人、交通标志、交通信号灯等,为决策系统对车辆行驶的控制提供依据。各个信息采集单元根据需求,组成多个处理系统。车道保持辅助系统是视觉传感器最典型的应用场景之一,下面我们将从车道保持辅助系统开始,进行视觉传感器故障分析。

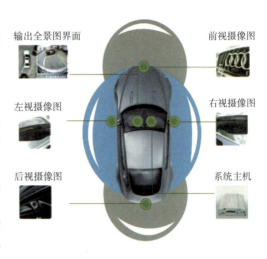

图 2-6　视觉传感器在汽车上的安装位置

1. 车道保持辅助系统

如图 2-7 所示,车道保持辅助系统主要由信息采集模块、控制模块和执行模块等组成。信息采集模块包括图像采集模块、车辆状态采集模块等;执行模块包括报警模块和转向操纵模块。信息采集模块主要通过多功能摄像头和车载传感器采集道路与车辆状态信息;控制模块主要对采集的信息进行分析、计算、判断等;执行模块按照控制单元的指令实施报警或转向盘操作。

车道保持辅助系统功能的故障分析以正常运行流程为基础,观察各操作步骤中是否出现问题,并根据问题类型分析车道保持辅助系统中哪种故障可能会导致此类问题,并对可能出现故障的部件进行检测。车道保持辅助系统功能故障分析如图 2-8 所示。

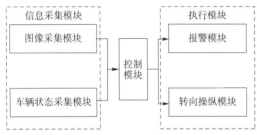

图 2-7　车道保持辅助系统结构组成

视觉传感器的检测

2. 视觉传感器的检测

智能网联汽车可能会出现视觉传感器无法开启的情况,下面将简要介绍其检修步骤。

步骤一:视觉传感器的外观和安装状态检查

首先检测视觉传感器的外观和安装状态。其主要检查视觉传感器是否破损、探头是否脏污、安装位置是否正确、安装是否牢固、固定底座是否变形。

然后检查视觉传感器线束和线束接口是否出现虚接、破损、进水、烧蚀以及异物等情况等情况,并根据情况进行记录。

步骤二:检测视觉传感器硬件线路

查看对应视觉传感器技术手册,查看硬件的线路连接图,使用工具对视觉传感器硬件故障进行排查。

首先使用万用表的电压挡检测视觉传感器是否工作在工作电压状态,一般激光雷达的工作电压标准值为5V,但具体型号需要查看其技术手册。同时,使用非接触式测温仪测量传感器温度是否在工作温度范围内。若出现电压不在工作电压状态或者温度不正常的情况,此时可以串入电流表,查看电流表读数。若电流值为零或者大于正常值,则有可能是视觉传感器内部模块损毁所致。

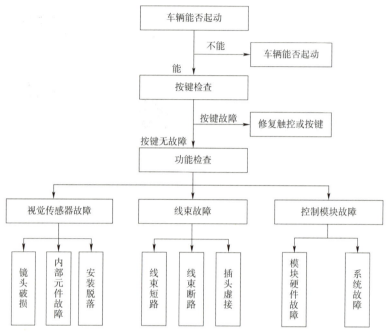

图 2-8　车道保持辅助系统功能故障分析

接着对搭铁线路的电阻进行检测。一般情况下,搭铁线路电阻应小于1Ω,使用万用表欧姆挡检测搭铁线路,排查是否出现搭铁不良的情况。

然后检查网络信号线回路。视觉传感器一般使用以太网传输。此时,可使用网络分析仪来检测通信的正确性。根据以太网通信方式,将当前检测结果与手册正常值进行对比,排查是否是通信故障导致。

步骤三:使用检测软件对视觉传感器进行测试

当视觉传感器硬件线路检测结束后,在确保其供电正常的情况下,使用视觉传感器厂家提供的检测软件,对视觉传感器进行自检。打开软件进入调试界面,查看视觉传感器回传信息,查看是否有画面输出等,根据回传结果,查询其技术手册,判别故障类型。

步骤四:视觉传感器故障维修、更换及维修结果检验

根据以上三步对故障点的排查情况,对故障点进行定位。若视觉传感器损坏,应进行更换;若视觉传感器线路老化、虚焊、松脱等,应对线路进行更换、焊接、固定;若出现短路情况,需要根据具体车况,使用万用表等仪器,寻找短路点;若出现通信故障,应使用对应通信故障排除方法排除或通过更新系统、恢复出厂设置等软件手段排除故障。

在拆解更换过程中,要注意视觉传感器线束的正确连接。在完成视觉传感器更换后,需要使用调试软件对更换好的视觉传感器进行调试。

模块二 智能网联汽车环境感知系统的维修与故障排除

在对故障部位检修完成后,重新对该功能进行整车调试,并记录结果。具体维修实际操作流程请详见本模块技能实训七。视觉传感器检测诊断思路如图 2-9 所示。

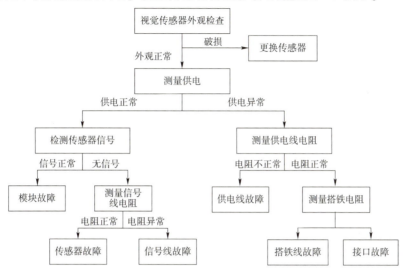

图 2-9 视觉传感器检测诊断思路

六 全球导航卫星系统

车载全球导航卫星系统(Global Navigation Satellite System,GNSS)功能的故障分析以正常运行流程为基础,观察各操作步骤中是否出现问题,并根据问题类型分析车载导航系统功能中哪种故障可能会导致此类问题,并对可能出现故障的部件进行检测。车载 GNSS 故障分析如图 2-10 所示。

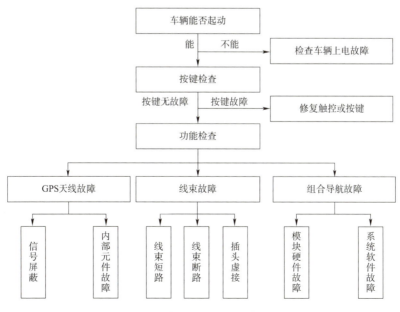

图 2-10 车载 GNSS 功能故障分析

七 惯性导航传感器

一般情况下,车载卫星定位系统和惯性导航系统将会集成在组合导航系统之中。组合导航模块通过 GPS 的天线获得时间和定位信息,再根据惯性导航系统计算出车身的运行状态,最后经过数据处理,通过 USB 信号线或者以太网将数据发送到决策模块。

对于组合定位系统的检测维修,首先,应对组合定位模块的外观和安装情况进行初步检查。检查模块是否脏污,模块外壳是否破损,是否有进水痕迹,是否有撞击痕迹,模块位置是否安装正确,线束是否虚接、破损、进水、烧灼或有异物。若有以上情况,应根据对应问题进行维修。

在以上检查都没有问题的情况下,对模块的线路进行检测。首先,对模块供电线路进行检测,查看电压示数是否正常,一般标准值为 12V。然后,检测搭铁线路,测量电阻值是否小于 1Ω。如果正常,检查车身前后的 GPS 天线是否可以正确接收。接着,使用网络检测仪检查以太网接口和网线,或者使用 USB 调试助手查看通信是否正常。若激光雷达返回示数不正常,请检查时钟输入信号是否正常。由此,根据具体检测结果,针对问题点进行维修。具体实操流程见本模块技能实训九。

技能实训

一 毫米波雷达故障检测

(一)实训目标

(1)能够依据接待要求,结合客户的需求,独立完成接待前物料的准备工作。

(2)能够结合客户车辆的故障现象,根据维修手册使用专用软件及检测工具,初步判断故障范围。

(3)能够使用专用设备,完成毫米波雷达故障验证,并判断车辆故障点。

(4)根据以上分析及判定结果,制订车辆维修方案。

(5)能够使用专用设备工具,与他人合作,规范地完成毫米波雷达线路检修作业以及毫米波雷达维修结果检验。

(二)接受工作任务

汽车服务站新接收了一辆待维修车辆,据车主反映,客户车辆自适应巡航控制功能无法开启,经专业评估,需要对毫米波雷达进行检测,判断其是否存在故障。

(三)信息收集

(1)客户信息登记:进店时间:＿＿＿＿年＿＿＿＿月＿＿＿＿日。
　　　　　　　　客户姓名:＿＿＿＿＿＿,电话:＿＿＿＿＿＿＿＿。
(2)客户车辆登记:车型:＿＿＿＿＿,车牌号码:＿＿＿＿＿＿＿＿＿＿＿。

车辆的 VIN 码：_____。

(3) 车辆进店时里程数：_____，油量/电量：_____。

车上故障灯：□无　□有。

(4) 车辆外观检查情况：剐蹭痕迹：□无　□有（若有，请标注在车辆登记表格中进行说明）。

(5) 车辆进店维修内容：_____
_____。

(6) 车内检查：转向盘和仪表盘上的自动驾驶功能显示：

□正常启动

□无法启动

□能启动但显示异常（原因是：_____）。

(7) 本次维修预计需要的时长为：_____。

(8) 本次维修后需要提供给客户的资料有：_____。

(9) 本次维修后车辆清洗情况：□要清洗　□不需要清洗。

（四）计划制订

准备毫米波雷达测量所需要的用品和工具设备，见表2-2。

毫米波测量用品及工具设备　　　　　　　　　　　表2-2

类　　别	所　需　物　料
车辆防护用品	绝缘垫（编号）、隔离带、高压警示牌、绝缘手套、绝缘鞋、护目镜、车内防护用品、翼子板布
测试仪器、设备	万用表

（五）计划实施

(1) 外观、硬件检查。对毫米波雷达外观及安装状态进行初步检查，检查内容见表2-3。

毫米波雷达外观及安装状态检查　　　　　　　　　　　表2-3

序号	检查项目	检查内容	是否正常	维修意见
1	毫米波雷达外观	外壳是否破损	是□　否□	更换传感器
		是否有进水痕迹	是□　否□	
		是否有敲击痕迹	是□　否□	
2	毫米波雷达安装位置	安装位置是否正确	是□　否□	重新安装调整
		安装是否紧固	是□　否□	
		固定底座是否变形	是□　否□	
3	毫米波雷达线束接口	接口是否存在虚接、破损、进水以及有异物等情况	是□　否□	更换或修复
4	毫米波雷达线束	线束是否存在破损、折断、烧蚀等情况	是□　否□	更换或修复

（2）拆画电路图。查阅相关手册，在下面框中拆画毫米波雷达相关电路图。

（3）测量毫米波雷达线路。以试验车辆为例，测量车辆毫米波雷达数据，并将检测结果及维修意见填在表2-4中。

毫米波雷达线路测量　　　　　　　　　　　　　　　　　　　　表2-4

序号	检测项目	检测内容	检测工具	检测结果	标准值	是否正常	维修意见
1	供电线路	电压	万用表		12V	是□ 否□	
2	搭铁线路	电阻	万用表		<1Ω	是□ 否□	
3	CAN_H信号	电压	万用表		2.7V	是□ 否□	
4	CAN_L信号	电压	万用表		2.3V	是□ 否□	

（4）维修结果检验。根据表2-4中测量结果对故障部位进行检修，检修后重新对该功能进行检查，并将检查结果记录在表2-5中。

维修结果检验记录表　　　　　　　　　　　　　　　　　　　　表2-5

检查项目	检查结果	检查人确认
毫米波雷达线路是否恢复正常	是□ 否□	
毫米波雷达线路电压是否恢复正常	是□ 否□	
故障部件是否正常工作	是□ 否□	
系统功能是否恢复正常	是□ 否□	
维修工具是否整理到位	是□ 否□	
维修工位是否打扫干净	是□ 否□	
工作页是否填写完整	是□ 否□	

（六）质量检查

由指导教师检查维修结果，并针对实训过程出现的问题提出改进措施及建议，填写完成表2-6。

实训过程评价表　　　　　　　　　　　　　　　　　　　　　　表2-6

序号	评价标准	评价结果	改进建议
1	维修前车辆的检查		
2	线控执行系统模块的检查		
3	故障部件的更换		
综合评语			

(七)评价反馈

根据自己在实训过程中的表现进行自我评价,开展小组间互评及教师点评,填写完成表2-7。

自我评价:_____。
小组互评:_____。
教师点评:_____。

实训成绩单　　　　　　　　　　　　　　　　　　　表2-7

序号	项目	评分标准	分值	得分
1	接受任务	明确工作任务,理解任务在企业工作中的重要程度	5	
2	信息收集	掌握客户信息要完整,无遗漏	5	
3		咨询并登记好维修车辆的基本信息	5	
4		检查车辆基本功能,记录故障信息	5	
5		按照车辆维修的基本流程完成客户的基本服务接待	5	
6	制订计划	按照控制执行系统及外观检查流程,制订合适的行动计划	10	
7		能协同小组人员安排任务分工	5	
8		能在实施前准备好所需要的工具器材	5	
9	计划实施	规范地进行场地布置及工具检查	5	
10		识别控制执行系统总成结构部件	5	
11		正确完成控制模块、接口、连接线束、部件的检查	10	
12		正确找出故障	10	
13		正确更换部件	10	
14	质量检查	学生任务完成,操作过程规范	5	
15	评价反馈	学生能对自身表现情况进行客观评价	5	
16		学生在任务实施过程中能发现自身问题	5	
		得分		

二 毫米波雷达更换与测试

(一)实训目标

(1)能够依据接待要求,结合客户的需求,独立完成接待前物料的准备工作。
(2)能够结合客户车辆的毫米波雷达,根据维修手册使用专用软件及检测工具,进行更换和测试。
(3)能够使用专用设备工具,与他人合作,规范地完成毫米波雷达线路的安装与调试。

(二)接受工作任务

汽车服务站新接收了一辆待维修车辆,初步判断该车辆故障原因为毫米波雷达损坏。本任务需对该车辆毫米波雷达进行更换,并对全新毫米波雷达进行测试。

(三)信息收集

(1)客户信息登记:进店时间:_____年_____月_____日。

客户姓名:_____,电话:_____。

(2)客户车辆登记:车型:_____,车牌号码:_____。

车辆的VIN码:_____。

(3)车辆进店时里程数:_____,油量/电量:_____。

车上故障灯:□无　　□有。

(4)车辆外观检查情况:剐蹭痕迹:□无　　□有(若有请标注在车辆登记表格中加以说明)。

(5)车辆进店维修内容:_____

_____。

(6)车内检查:转向盘和仪表盘上的自动驾驶功能显示:

□正常启动

□无法启动

□能启动但显示异常(原因是:_____)。

(7)本次维修预计需要的时长为:_____。

(8)本次维修后需要提供给客户的资料有:_____。

(9)本次维修后车辆清洗情况:□要清洗　　□不需要清洗。

(四)计划制订

准备毫米波雷达更换所需的用品和工具设备,见表2-8。同时,在图2-11中绘制出车辆毫米波雷达的位置。

毫米波雷达更换所需用品及工具设备　　表2-8

类　别	所需物料
车辆防护用品	通用防护用品:车内防护用品、翼子板布; 高压防护用品(新能源车辆):绝缘垫、隔离带、高压警示牌、绝缘手套、绝缘鞋、护目镜
测试仪器、设备	拆装工具套装、撬板、扳手、实训车辆、万用表、CAN总线分析仪器

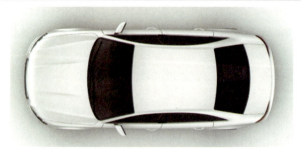

图2-11　毫米波雷达安装位置

（五）计划实施

（1）拆卸毫米波雷达。本任务需对车辆毫米波雷达进行拆卸。参照维修手册，按照标准步骤完成毫米波雷达的拆卸，并在表2-9中填写相应步骤所用工具。

毫米波雷达拆卸记录表　　　　　　　　　　　　　　　表2-9

序号	操作内容	使用工具	注意事项
1	铺设车辆防护用品		按需铺设，电动车辆应铺设绝缘防护
2	拆卸车辆相关附件		按标准流程进行拆卸
3	断开毫米波雷达相关线束		轻拿轻放
4	拆卸毫米波雷达固定螺栓		拆下螺栓不要丢失
5	取下毫米波雷达		—

（2）安装毫米波雷达。本任务需对车辆毫米波雷达进行安装。参照维修手册，按照标准步骤完成毫米波雷达的安装，并在表2-10中填写相应步骤所用工具。

毫米波雷达安装记录表　　　　　　　　　　　　　　　表2-10

序号	操作内容	使用工具	注意事项
1	固定毫米波雷达至安装位置		传感器安装在车前方中心处，当面向车辆正前方时，传感器的正面朝向人，连接口朝向人的右手边
2	按标准力矩安装固定螺栓		—
3	毫米波雷达线束连接：将传感器CAN通信接口与Apollo的CAN1口连接		传感器接口及定义：端口1接12V直流电源；端口8接GND；端口4接CAN_L；端口7接CAN_H
4	毫米波雷达线束连接：电源接口接入12V直流电源		车辆上提供12V电源接线盒
5	毫米波雷达线束连接：毫米波雷达CAN接口与工控机的CAN1接口连接		—
6	安装车辆相关附件		按标准流程进行安装
7	整理及恢复		撤去相应防护设备

（3）毫米波雷达测试。

①操作准备。准备毫米波雷达测试所需的用品和工具设备，见表2-11。

毫米波雷达测试所需用品及工具设备　　　　　　　　　表2-11

类　别	所需物料
车辆防护用品	通用防护用品：车内防护用品、翼子板布； 高压防护用品（新能源车辆）：绝缘垫、隔离带、高压警示牌、绝缘手套、绝缘鞋、护目镜
测试仪器、设备	计算机

②毫米波雷达测试。根据相关维修手册，按标准步骤完成毫米波雷达的测试，见表 2-12。

毫米波雷达测试步骤　　　　　　　　　　　　　　表 2-12

序号	操作项目	操作内容
1	打开终端窗口	快捷键：Ctrl + Alt + T
2	启动 CAN 驱动程序	输入：sudo modprobe can（密码 nvidia）
3	启动 CAN 驱动各个模块	依次输入： sudo modprobe can-raw，sudo modprobe can-bcm，sudo modprobe can-gw， sudo modprobe can_dev，sudo modprobe mttcan
4	输入毫米波雷达 CAN 线波特率参数	输入：sudo ip link set can1 type can bitrate 500000
5	读取毫米波雷达数据	输入：sudo ip link set up can1（打开毫米波雷达 CAN1）
6	查看毫米波雷达数据并保存	输入：candump can1

上述步骤完成后，可查看终端的输出结果。

(六) 质量检查

由指导教师检查维修结果，并针对实训过程出现的问题提出改进措施及建议，填写完成表 2-13。

实训过程评价表　　　　　　　　　　　　　　表 2-13

序　号	评价标准	评价结果	改进建议
1	维修前车辆的检查		
2	线控执行系统模块的检查		
3	故障部件的更换		
综合评语			

(七) 评价反馈

根据自己在实训过程中的表现进行自我评价，开展小组间互评及教师点评，填写完成表 2-14。

自我评价：_____。
小组互评：_____。
教师点评：_____。

实 训 成 绩 单　　　　　　　　　　　　　　　　表 2-14

序　号	项　　目	评 分 标 准	分　　值	得　　分
1	接受任务	明确工作任务,理解任务在企业工作中的重要程度	5	
2	信息收集	掌握客户信息要完整,无遗漏	5	
3		咨询并登记好维修车辆的基本信息	5	
4		检查车辆基本功能,记录故障信息	5	
5		按照车辆维修的基本流程完成客户的基本服务接待	5	
6	制订计划	按照控制执行系统及外观检查流程,制订合适的行动计划	10	
7		能协同小组人员安排任务分工	5	
8		能在实施前准备好所需要的工具器材	5	
9	计划实施	规范地进行场地布置及工具检查	5	
10		识别控制执行系统总成结构部件	5	
11		正确完成控制模块、接口、连接线束、部件的检查	10	
12		正确找出故障	10	
13		正确更换部件	10	
14	质量检查	学生任务完成,操作过程规范	5	
15	评价反馈	学生能对自身表现情况进行客观评价	5	
16		学生在任务实施过程中能发现自身问题	5	
		得分		

三　超声波雷达故障检测

(一)实训目标

(1)能够依据接待要求,结合客户的需求,独立完成接待前物料的准备工作。

(2)能够使用专用设备,完成超声波雷达故障验证,并判断车辆故障;完成超声波雷达线路检修作业。

(3)能够使用专用设备工具,与他人合作,规范地完成超声波雷达线路维修结果检验。

(二)接受工作任务

汽车服务站新接收了一辆待维修车辆,该车辆自动泊车系统失效,经专业评估,需要对超声波雷达进行检测,判断其是否存在故障。

(三)信息收集

(1)客户信息登记:进店时间:_____年_____月_____日。
　　　　　　　　客户姓名:_____,电话:_____。
(2)客户车辆登记:车型:_____,车牌号码:_____。
车辆的 VIN 码:_____。

(3)车辆进店时里程数：_____，油量/电量：_____。
车上故障灯：□无　　□有。

(4)车辆外观检查情况:剐蹭痕迹：□无　　□有(若有请标注在车辆登记表格中加以说明)。

(5)车辆进店维修内容：_____。

(6)车内检查：转向盘和仪表盘上的自动驾驶功能显示：

□正常启动

□无法启动

□能启动但显示异常(原因是：_____)。

(7)本次维修预计需要的时长为：_____。

(8)本次维修后需要提供给客户的资料有：_____。

(9)本次维修后车辆清洗情况：□要清洗　　□不需要清洗。

(四)计划制订

准备超声波雷达测量所需要的用品和工具设备，见表2-15。

超声波雷达测量所需用品及工具设备　　　　　　表2-15

类　　别	所 需 物 料
车辆防护用品	通用防护用品：车内防护用品、翼子板布； 高压防护用品(新能源车辆)：绝缘垫、隔离带、高压警示牌、绝缘手套、绝缘鞋、护目镜
测试仪器、设备	万用表

(五)计划实施

(1)硬件检查。对超声波雷达外观及安装状态进行初步检查，检查内容见表2-16。

超声波雷达外观及安装状态检查　　　　　　表2-16

序号	检查项目	检查内容	是否正常	维修意见
1	超声波雷达外观	雷达探头是否脏污	是□　否□	更换传感器
		外壳是否裂痕	是□　否□	
		是否有进水痕迹	是□　否□	
		是否有敲击痕迹	是□　否□	
2	超声波雷达安装位置	安装位置是否正确	是□　否□	重新安装调整
		安装是否紧固	是□　否□	
		固定底座是否变形	是□　否□	
3	超声波雷达线束接口	接口是否存在虚接、破损、进水以及有异物等情况	是□　否□	更换或修复
4	超声波雷达线束	线束是否存在破损、折断、烧蚀等情况	是□　否□	更换或修复

模块二　智能网联汽车环境感知系统的维修与故障排除

（2）拆画电路图。查阅相关手册，在下面框中拆画超声波雷达相关电路图。

（3）测量超声波雷达线路。以试验车辆为例，测量车辆超声波雷达数据，并将检测结果及维修意见填在表2-17中。

超声波雷达线路测量记录表　　　　　　　　　　　　　　　表2-17

序号	检测项目	检测内容	检测工具	检测结果	标准值	是否正常	维修意见
1	供电线路	电压	万用表		12V	是□ 否□	
2	搭铁线路	电阻	万用表		<1Ω	是□ 否□	
3	USB信号线	数据	USB协议调试工具		参考手册	是□ 否□	

（4）维修结果检验。根据表2-18测量结果对故障部位进行检修，维修后重新对该功能进行检查，并将检查结果记录在表2-18中。

维修结果检验记录表　　　　　　　　　　　　　　　表2-18

检查项目	检查结果	检查人确认
超声波雷达线路是否恢复正常	是□ 否□	
超声波雷达线路电压是否恢复正常	是□ 否□	
故障部件是否正常工作	是□ 否□	
系统功能是否恢复正常	是□ 否□	
维修工具是否整理到位	是□ 否□	
维修工位是否打扫干净	是□ 否□	
工作页是否填写完整	是□ 否□	

（六）质量检查

由指导教师检查维修结果，并针对实训过程出现的问题提出改进措施及建议，填写完成表2-19。

实训过程评价表　　　　　　　　　　　　　　　表2-19

序　号	评价标准	评价结果	改进建议
1	维修前车辆的检查		
2	线控执行系统模块的检查		
3	故障部件的更换		
综合评语			

(七)评价反馈

根据自己在实训过程中的表现进行自我评价,开展小组间互评及教师点评,填写完成表2-20。

自我评价:_____。
小组互评:_____。
教师点评:_____。

实 训 成 绩 单　　　　　　　　　　　　　　　　　表2-20

序号	项目	评分标准	分值	得分
1	接受任务	明确工作任务,理解任务在企业工作中的重要程度	5	
2	信息收集	掌握客户信息要完整,无遗漏	5	
3		咨询并登记好维修车辆的基本信息	5	
4		检查车辆基本功能,记录故障信息	5	
5		按照车辆维修的基本流程完成客户的基本服务接待	5	
6	制订计划	按照控制执行系统及外观检查流程,制订合适的行动计划	10	
7		能协同小组人员安排任务分工	5	
8		能在实施前准备好所需要的工具器材	5	
9	计划实施	规范地进行场地布置及工具检查	5	
10		识别控制执行系统总成结构部件	5	
11		正确完成控制模块、接口、连接线束、部件的检查	10	
12		正确找出故障	10	
13		正确更换部件	10	
14	质量检查	学生任务完成,操作过程规范	5	
15	评价反馈	学生能对自身表现情况进行客观评价	5	
16		学生在任务实施过程中能发现自身问题	5	
		得分		

四 超声波雷达更换与测试

(一)实训目标

(1)能够依据接待要求,结合客户的需求,独立完成接待前物料的准备工作。

(2)能够根据车辆故障现象,完成超声波雷达更换的准备工作;能够使用拆装工具,完成超声波雷达更换作业。

(3)能够使用专用设备工具,与他人合作,规范地完成超声波雷达线路维修结果检验。

(二)接受工作任务

汽车服务站新接收了一辆待维修车辆,经专业评估,初步判断该车辆故障原因为超声波雷达损坏。本任务需对该车辆超声波雷达进行更换。

(三)信息收集

(1)客户信息登记:进店时间:_____年_____月_____日。
客户姓名:_____,电话:_____。
(2)客户车辆登记:车型:_____,车牌号码:_____。
车辆的 VIN 码:_____。
(3)车辆进店时里程数:_____,油量/电量:_____。
车上故障灯:□无　　□有。
(4)车辆外观检查情况:剐蹭痕迹:□无　　□有(若有请标注在车辆登记表格中加以说明)。
(5)车辆进店维修内容:_____
_____。
(6)车内检查:转向盘和仪表盘上的自动驾驶功能显示:
□正常启动
□无法启动
□能启动但显示异常(原因是:_____)。
(7)本次维修预计需要的时长为:_____。
(8)本次维修后需要提供给客户的资料有:_____。
(9)本次维修后车辆清洗情况:□要清洗　　□不需要清洗。

(四)计划制订

准备超声波雷达更换所需的用品和工具设备,见表2-21,并在图2-12中绘制超声波雷达安装位置。

超声波雷达更换所需用品及工具设备　　　　　表2-21

类　　别	所需物料
车辆防护用品	通用防护用品:车内防护用品、翼子板布; 高压防护用品(新能源车辆):绝缘垫、隔离带、高压警示牌、绝缘手套、绝缘鞋、护目镜
测试仪器、设备	热熔胶、热风枪

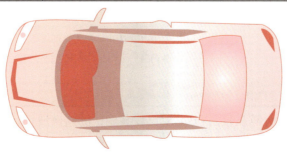

图2-12　超声波雷达安装位置

(五)计划实施

(1)拆卸超声波雷达。本任务需对车辆超声波雷达进行拆卸。参照维修手册,按照标准步骤完成超声波雷达的拆卸,并在表2-22中填写相应步骤所用工具。

超声波雷达拆卸记录表　　　　　　　　　　　　　　　　　　表2-22

序号	操作内容	使用工具	注意事项
1	铺设车辆防护用品		按需铺设,电动车辆应铺设绝缘防护
2	拆卸车辆相关附件		按标准流程进行拆卸
3	使用热风枪对准热熔胶部位加热		不要长时间对一个地方加热,防止热熔胶烧焦,应旋转枪口均匀加热
4	待热熔胶融化后,摘下超声波雷达		热熔胶摘下后容易有残留和拉丝,清理干净

(2)安装超声波雷达。本任务需对车辆超声波雷达进行安装。参照维修手册,按照标准步骤完成超声波雷达的安装,并在表2-23中填写相应步骤所用工具。

超声波雷达安装记录表　　　　　　　　　　　　　　　　　　表2-23

序号	操作内容	使用工具	注意事项
1	使用热熔胶在目标位置挤出胶水		胶量不宜过多
2	将超声波按照方向安装在目标位置		超声波背后有向上的箭头,安装时箭头应该朝正上方安装
3	按压超声波至热熔胶冷却,超声波另一端接工控机USB接口		—
4	安装车辆相关附件		按标准流程进行安装
5	整理及恢复		撤去相应防护设备

(3)维修结果检验。

①操作准备。超声波雷达功能验证所需的用品和工具设备见表2-24。

超声波雷达功能验证所需用品及工具设备　　　　　　　　　　表2-24

类　别	所需物料
车辆防护用品	通用防护用品:车内防护用品、翼子板布; 高压防护用品(新能源车辆):绝缘垫、隔离带、高压警示牌、绝缘手套、绝缘鞋、护目镜
测试仪器、设备	pcl_viewer工具/点云库可视化工具

②功能验证。通过计算机检测程序,对已安装调试的超声波雷达进行功能验证,确认超声波雷达已正确安装并可以正常使用。参照维修手册,按标准步骤完成超声波雷达的功能验证,见表2-25。

模块二 智能网联汽车环境感知系统的维修与故障排除

超声波雷达测试步骤　　　　　　　　　　　　　　　　　　　表 2-25

步骤	操作内容	使用工具	图　示	注意事项

（六）质量检查

由指导教师检查维修结果，并针对实训过程出现的问题提出改进措施及建议，填写完成表 2-26。

实训过程评价表　　　　　　　　　　　　　　　　　　　　　表 2-26

序　号	评 价 标 准	评 价 结 果	改 进 建 议
1	维修前车辆的检查		
2	线控执行系统模块的检查		
3	故障部件的更换		
综合评语			

（七）评价反馈

根据自己在实训过程中的表现进行自我评价，开展小组间互评及教师点评，填写完成表 2-27。

自我评价：_____。
小组互评：_____。
教师点评：_____。

实 训 成 绩 单　　　　　　　　　　　　　　　　　　　　　　表 2-27

序　号	项　目	评分标准	分　值	得　分
1	接受任务	明确工作任务，理解任务在企业工作中的重要程度	5	
2	信息收集	掌握客户信息要完整，无遗漏	5	
3		咨询并登记好维修车辆的基本信息	5	
4		检查车辆基本功能，记录故障信息	5	
5		按照车辆维修的基本流程完成客户的基本服务接待	5	
6	制订计划	按照控制执行系统及外观检查流程，制订合适的行动计划	10	
7		能协同小组人员安排任务分工	5	
8		能在实施前准备好所需要的工具器材	5	
9	计划实施	规范地进行场地布置及工具检查	5	
10		识别控制执行系统总成结构部件	5	
11		正确完成控制模块、接口、连接线束、部件的检查	10	
12		正确找出故障	10	
13		正确更换部件	10	

续上表

序　号	项　目	评分标准	分　值	得　分
14	质量检查	学生任务完成,操作过程规范	5	
15	评价反馈	学生能对自身表现情况进行客观评价	5	
16		学生在任务实施过程中能发现自身问题	5	
得分				

五、激光雷达故障检测

(一)实训目标

(1)能够依据接待要求,结合客户的需求,独立完成接待前物料的准备工作。

(2)能够使用专用设备,完成激光雷达故障验证,并判断车辆故障。

(3)能够使用专用设备工具,完成激光雷达线路检修作业。

(4)能够使用专用设备工具,与他人合作,规范地完成激光雷达线路维修结果检验。

(二)接受工作任务

汽车服务站新接收了一辆待维修车辆,该车车辆自动制动辅助系统失效,经专业评估,需要对激光雷达进行检测,判断其是否存在故障。

(三)信息收集

(1)客户信息登记:进店时间:_____年_____月_____日。
　　　　　　　　客户姓名:_____,电话:_____。

(2)客户车辆登记:车型:_____,车牌号码:_____。
车辆的 VIN 码:_____。

(3)车辆进店时里程数:_____,油量/电量:_____。
车上故障灯:□无　　□有。

(4)车辆外观检查情况:剐蹭痕迹:□无　　□有(若有请标注在车辆登记表格中加以说明)。

(5)车辆进店维修内容:_____
_____。

(6)车内检查:转向盘和仪表盘上的自动驾驶功能显示:
□正常启动
□无法启动
□能启动但显示异常(原因是:_____)。

(7)本次维修预计需要的时长为:_____。

(8)本次维修后需要提供给客户的资料有:_____。

(9)本次维修后车辆清洗情况:□要清洗　　□不需要清洗。

(四)计划制订

准备激光雷达测量所需要的用品和工具设备,见表2-28。

激光雷达测量所需用品及工具设备　　　　　　　　　　表2-28

类　　别	所需物料
车辆防护用品	通用防护用品:车内防护用品、翼子板布; 高压防护用品(新能源车辆):绝缘垫、隔离带、高压警示牌、绝缘手套、绝缘鞋、护目镜
测试仪器、设备	万用表、网线检测仪

(五)计划实施

(1)外观检查。对激光雷达外观及安装状态进行初步检查,检查内容见表2-29。

激光雷达外观及安装状态检查　　　　　　　　　　表2-29

序号	检查项目	检查内容	是否正常	维修意见
1	激光雷达外观	外壳是否破损、脏污	是□ 否□	更换传感器
		内部结构能否正常旋转	是□ 否□	
		是否有进水痕迹	是□ 否□	
		是否有敲击痕迹	是□ 否□	
2	激光雷达安装位置	安装位置是否正确	是□ 否□	重新安装调整
		安装是否紧固	是□ 否□	
		固定底座是否变形	是□ 否□	
3	激光雷达线束接口	接口是否存在虚接、破损、进水以及有异物等情况	是□ 否□	更换或修复
4	激光雷达线束	线束是否存在破损、折断、烧蚀等情况	是□ 否□	更换或修复

(2)拆画电路图。查阅相关手册,在下面框中拆画激光雷达相关电路图。

(3)测量激光雷达线路。以试验车辆为例,测量车辆激光雷达数据,并将检测结果及维修意见填入表2-30。

激光雷达线路测量记录表 表2-30

序号	检测项目	检测内容	检测工具	检测结果	标准值	是否正常	维修意见
1	供电线路	电压	万用表		12V	是□ 否□	
2	搭铁线路	电阻	万用表		<1Ω	是□ 否□	
3	信号线	电压	万用表		<1Ω	是□ 否□	
4	网线	网线通断	网络分析仪		导通	是□ 否□	

（4）维修结果检验。根据表2-30中测量结果对故障部位进行检修，维修后重新对该功能进行检查，并将检查结果记录在表2-31中。

维修结果检验记录表 表2-31

检查项目	检查结果	检查人确认
激光雷达线路是否恢复正常	是□ 否□	
激光雷达线路电压是否恢复正常	是□ 否□	
故障部件是否正常工作	是□ 否□	
系统功能是否恢复正常	是□ 否□	
维修工具是否整理到位	是□ 否□	
维修工位是否打扫干净	是□ 否□	
工作页是否填写完整	是□ 否□	

（六）质量检查

由指导教师检查维修结果，并针对实训过程出现的问题提出改进措施及建议，填写完成表2-32。

实训过程评价表 表2-32

序 号	评价标准	评价结果	改进建议
1	维修前车辆的检查		
2	线控执行系统模块的检查		
3	故障部件的更换		
综合评语			

（七）评价反馈

根据自己在实训过程中的表现进行自我评价，开展小组间互评及教师点评，填写完成表2-33。

自我评价：_____。

小组互评：_____。

教师点评：_____。

模块二　智能网联汽车环境感知系统的维修与故障排除

实训成绩单　　　　　　　　　　　　　　　　　　表 2-33

序号	项目	评分标准	分值	得分
1	接受任务	明确工作任务,理解任务在企业工作中的重要程度	5	
2	信息收集	掌握客户信息要完整,无遗漏	5	
3		咨询并登记好维修车辆的基本信息	5	
4		检查车辆基本功能,记录故障信息	5	
5		按照车辆维修的基本流程完成客户的基本服务接待	5	
6	制订计划	按照控制执行系统及外观检查流程,制订合适的行动计划	10	
7		能协同小组人员安排任务分工	5	
8		能在实施前准备好所需要的工具器材	5	
9	计划实施	规范地进行场地布置及工具检查	5	
10		识别控制执行系统总成结构部件	5	
11		正确完成控制模块、接口、连接线束、部件的检查	10	
12		正确找出故障	10	
13		正确更换部件	10	
14	质量检查	学生任务完成,操作过程规范	5	
15	评价反馈	学生能对自身表现情况进行客观评价	5	
16		学生在任务实施过程中能发现自身问题	5	
		得分		

六　激光雷达更换与测试

(一) 实训目标

(1) 能够依据接待要求,结合客户的需求,独立完成接待前物料的准备工作。
(2) 能够根据车辆故障现象,完成激光雷达更换的准备工作。
(3) 能够使用拆装工具,完成激光雷达更换作业。
(4) 能够选用合适的工具、设备,完成激光雷达的测试作业。

(二) 接受工作任务

汽车服务站新接收了一辆待维修车辆,经专业评估,初步判断该车辆故障原因为激光雷达损坏。本任务需对该车辆激光雷达进行更换,并对全新激光雷达进行测试。

(三) 信息收集

(1) 客户信息登记:进店时间:_____年_____月_____日。
　　　　　　　　　客户姓名:_____,电话:_____。
(2) 客户车辆登记:车型:_____,车牌号码:_____。

车辆的 VIN 码：_____。

（3）车辆进店时里程数：_____，油量/电量：_____。

车上故障灯：□无　　□有。

（4）车辆外观检查情况：剐蹭痕迹：□无　　□有（若有请标注在车辆登记表格中加以说明）。

（5）车辆进店维修内容：_____
_____。

（6）车内检查：转向盘和仪表盘上的自动驾驶功能显示：

□正常启动

□无法启动

□能启动但显示异常（原因是：_____）。

（7）本次维修预计需要的时长为：_____。

（8）本次维修后需要提供给客户的资料有：_____。

（9）本次维修后车辆清洗情况：□要清洗　　□不需要清洗。

（四）计划制订

（1）确定安装位置。查阅相关资料或观察试验车辆，找出试验车辆激光雷达安装位置。找到位置后，在图 2-13 中圈出。

图 2-13　激光雷达安装位置

（2）操作准备。准备激光雷达更换所需的用品和工具设备，见表 2-34。

激光雷达更换所需用品及工具设备　　　　　　表 2-34

类　　别	所需物料
车辆防护用品	通用防护用品：车内防护用品、翼子板布； 高压防护用品（新能源车辆）：绝缘垫、隔离带、高压警示牌、绝缘手套、绝缘鞋、护目镜
测试仪器、设备	激光雷达线束、拆装工具套装、撬板、扭力扳手、实训车辆

（五）计划实施

（1）拆卸激光雷达。本任务需对车辆激光雷达进行拆卸。参照维修手册，按照标准步骤完成激光雷达的拆卸，并在表 2-35 中填写相应步骤所用工具。

模块二　智能网联汽车环境感知系统的维修与故障排除

激光雷达拆卸记录表　　　　　　　　　　　　　　　　　　　　　表 2-35

序号	操作内容	使用工具	注意事项
1	铺设车辆防护用品		按需铺设,电动车辆应铺设绝缘防护
2	拆卸车辆相关附件		按标准流程进行拆卸
3	拆卸激光雷达连接线束		拆卸下来的线束应当妥善保存
4	拆卸激光雷达固定螺栓		拆卸下来的螺丝应当妥善保存
5	取下激光雷达及接线盒		—

（2）安装激光雷达。本任务需对车辆激光雷达进行安装。参照维修手册,按照标准步骤完成激光雷达的安装,并在表 2-36 中填写相应步骤所用工具。

激光雷达安装记录表　　　　　　　　　　　　　　　　　　　　　表 2-36

序号	操作内容	使用工具	注意事项
1	将激光雷达及接线盒固定至车身安装位置上		安装激光雷达时,线缆方向朝向车辆的后方
2	按标准力矩安装固定螺栓		水平安装在车顶部,对地高度 1.5m,水平放置,精度在 2°以内
3	连接激光雷达线束		端口 1（8pin 公头）与激光雷达上的 8pin 母头连接
4	激光雷达线束连接:电源接口（端口 4,5）接入 12V 接线盒		—
5	激光雷达线束连接:将端口 2（授时）与 IMU 的授时端口相连		—
6	激光雷达线束连接:将端口 3（网线接口）通过网线与工控机相连		连接线束过程中务必保证整车断电,确认接线无误后才可上电
7	安装车辆相关附件		按标准流程进行安装
8	整理及恢复		撤去相应防护设备

（3）激光雷达测试。

①操作准备。准备激光雷达测试所需的用品和工具设备,见表 2-37。

激光雷达测试所需用品及工具设备　　　　　　　　　　　　　　　表 2-37

类　　别	所需物料
车辆防护用品	通用防护用品:车内防护用品、翼子板布; 高压防护用品（新能源车辆）:绝缘垫、隔离带、高压警示牌、绝缘手套、绝缘鞋、护目镜
测试仪器、设备	rviz 点云可视化工具、计算机

②激光雷达测试。通过计算机检测程序对已安装调试的激光雷达进行测试，确认激光雷达已正确安装并可以正常使用。根据相关维修手册，按表2-38所列步骤完成激光雷达的测试。

激光雷达测试步骤　　　　　　　　　　　表2-38

序号	操作内容	输入命令	注意事项
1	启动 roscore	roscore	
2	启动激光雷达驱动	Roslaunch velodyne_pointcloud VLP16_points. launch	重新打开终端，输入命令
3	运行激光雷达过滤地面程序	roslaunch plane_ground_filterplane_ground_filter. launch	重新打开终端，输入命令
4	运行激光雷达聚类程序	Roslauncheuclidean_cluster euclidean_cluster. launch	重新打开终端，输入命令
5	打开 rviz	rosrun rviz rviz – f velodyne	重新打开终端，输入命令
6	在 rviz 中配置激光雷达	—	（1）by topic 添加/points_no_ground； （2）by display type 添加：Bounding BoxArray（添加两次）

（六）质量检查

由指导教师检查维修结果，并针对实训过程出现的问题提出改进措施及建议，填写完成表2-39。

实训过程评价表　　　　　　　　　　　表2-39

序　号	评价标准	评价结果	改进建议
1	维修前车辆的检查		
2	线控执行系统模块的检查		
3	故障部件的更换		
综合评语			

（七）评价反馈

根据自己在实训过程中的表现进行自我评价，开展小组间互评及教师点评，填写完成表2-40。

自我评价：_____。
小组互评：_____。
教师点评：_____。

模块二　智能网联汽车环境感知系统的维修与故障排除

实训成绩单　　　　　　　　　　　表2-40

序号	项目	评分标准	分值	得分
1	接受任务	明确工作任务,理解任务在企业工作中的重要程度	5	
2	信息收集	掌握客户信息要完整,无遗漏	5	
3		咨询并登记好维修车辆的基本信息	5	
4		检查车辆基本功能,记录故障信息	5	
5		按照车辆维修的基本流程完成客户的基本服务接待	5	
6	制订计划	按照控制执行系统及外观检查流程,制订合适的行动计划	10	
7		能协同小组人员安排任务分工	5	
8		能在实施前准备好所需要的工具器材	5	
9	计划实施	规范地进行场地布置及工具检查	5	
10		识别控制执行系统总成结构部件	5	
11		正确完成控制模块、接口、连接线束、部件的检查	10	
12		正确找出故障	10	
13		正确更换部件	10	
14	质量检查	学生任务完成,操作过程规范	5	
15	评价反馈	学生能对自身表现情况进行客观评价	5	
16		学生在任务实施过程中能发现自身问题	5	
		得分		

七　视觉传感器故障诊断

(一)实训目标

(1)能够依据接待要求,结合客户的需求,独立完成接待前物料的准备工作。
(2)能够根据车辆故障现象,完成视觉传感器的故障点排查。
(3)能够选用合适的工具、设备,与他人合作,完成视觉传感器的故障维修与拆装。

(二)接受工作任务

汽车服务站新接收了一辆待维修车辆,该车辆故障表现为视觉传感器失效。本任务需对该车辆视觉传感器进行故障点排查,并对其进行更换和调试。

(三)信息收集

(1)客户信息登记:进店时间:＿＿＿＿年＿＿＿＿月＿＿＿＿日。
　　　　　　　　　客户姓名:＿＿＿＿＿＿＿,电话:＿＿＿＿＿＿＿＿＿。
(2)客户车辆登记:车型:＿＿＿＿＿,车牌号码:＿＿＿＿＿＿＿＿＿＿＿＿＿＿＿＿＿。
车辆的VIN码:＿＿＿＿＿＿＿＿＿＿＿＿＿＿＿＿＿＿＿＿＿＿＿＿＿＿＿＿＿＿＿。

(3)车辆进店时里程数:＿＿＿＿＿＿＿,油量/电量:＿＿＿＿＿＿＿＿＿＿＿。
车上故障灯:□无　　□有。
(4)车辆外观检查情况:剐蹭痕迹:□无　　□有(若有请标注在车辆登记表格中加以说明)。
(5)车辆进店维修内容:＿＿＿。
(6)车内检查:转向盘和仪表盘上的自动驾驶功能显示:
□正常启动
□无法启动
□能启动但显示异常(原因是:＿＿＿＿＿＿＿＿＿＿＿＿＿＿＿＿＿＿＿＿＿＿＿＿)。
(7)本次维修预计需要的时长为:＿＿＿＿＿＿＿＿＿＿＿＿＿＿＿＿＿＿＿。
(8)本次维修后需要提供给客户的资料有:＿＿＿＿＿＿＿＿＿＿＿＿＿＿。
(9)本次维修后车辆清洗情况:□要清洗　　□不需要清洗。

(四)计划制订

准备车道保持辅助系统功能检查所需的用品和工具设备,见表2-41。按流程制订检测计划。

车道保持辅助系统功能检查所需用品及工具设备　　表2-41

类别	所需物料
车辆防护用品	通用防护用品:车内防护用品、翼子板布; 高压防护用品(新能源车辆):绝缘垫、隔离带、高压警示牌、绝缘手套、绝缘鞋、护目镜
检测仪器、设备	自拟

(五)计划实施

(1)基本检查。功能检查前,应对故障车辆进行基本检查,排除车辆可能存在的其他问题。基本检查内容见表2-42。

基本检查内容　　表2-42

内容	操作记录(正常、不正常)	检查说明
车辆外观		(1)对车辆外观进行基本检查,确认车辆基本功能能否正常使用; (2)若基本检查存在异常,判断其是否与故障现象相关
轮胎及底盘部件是否正常		
发动机舱内是否正常		
灯光电器是否正常启动		

(2)车道保持辅助系统功能检查。根据车道保持辅助系统功能检查方法进行检查,将检查结果填在表2-43中,再通过检查结果,分析可能出现故障的部件,并记录分析结果。

模块二　智能网联汽车环境感知系统的维修与故障排除

车道保持辅助系统功能检查记录表　　　　　　　　　表2-43

序号	项　目	检查内容	操作记录		检查说明
1	起动车辆	车辆能否正常起动	正常 □		
			不正常 □		
2	按键检查	查找车道保持辅助系统相关按键位置	转向盘 □		
			中控台 □		
			中控屏 □		
		车道保持辅助系统相关按键是否正常	物理按键	反馈清晰 □	
				不正常 □	
			触摸按键	灵敏精确 □	
				不正常 □	
3	功能检查	选择车道保持系统模式	能	提醒辅助 □	
				提醒 □	
			不能 □		
		能否选择提醒方式	能	声音 □	
				振动 □	
				声音振动 □	
			不能 □		
		能否选择灵敏度	能	低 □	
				中 □	
				高 □	
			不能 □		
4	关闭车辆	车辆能否正常关闭	正常 □		
			不正常 □		

可能的故障点：

(3) 实际检测与操作步骤。

①操作准备。准备视觉传感器测量所需的用品和工具设备，见表2-44。

视觉传感器测量所需用品及工具设备　　　　　　　　　表2-44

类　别	所需物料
车辆防护用品	通用防护用品：车内防护用品、翼子板布； 高压防护用品（新能源车辆）：绝缘垫、隔离带、高压警示牌、绝缘手套、绝缘鞋、护目镜
测试仪器、设备	万用表

②硬件检查。对视觉传感器外观及安装状态进行初步检查，检查内容见表2-45。

视觉传感器外观及安装状态记录表　　　　　　　　表 2-45

序号	检查项目	检查内容	是否正常	维修意见
1	视觉传感器外观	外壳是否破损	是□ 否□	更换传感器
		镜头是否有裂痕	是□ 否□	
		是否有进水痕迹	是□ 否□	
		是否有敲击痕迹	是□ 否□	
2	视觉传感器安装位置	安装位置是否正确	是□ 否□	重新安装调整
		安装是否紧固	是□ 否□	
		固定底座是否变形	是□ 否□	
3	视觉传感器线速接口	接口是否存在虚接、破损、进水以及有异物等情况	是□ 否□	更换或修复
4	视觉传感器线束	线束是否存在破损、折断、烧蚀等情况	是□ 否□	

③拆画电路图。查阅相关手册，在下面框中拆画视觉传感器相关电路。

④测量视觉传感器线路。测量车辆视觉传感器数据，并将结果填在表 2-46 中。

视觉传感器线路测量记录表　　　　　　　　表 2-46

序号	检测项目	检测内容	检测工具	检测结果	标准值	是否正常	维修意见
1	供电线路	电压	万用表		5V	是□ 否□	
2	搭铁线路	电阻	万用表		<1Ω	是□ 否□	
3	信号线	电阻	万用表		<1Ω	是□ 否□	

⑤维修结果检验。根据表 2-47 中的检测结果对故障部位进行维修，维修后重新对该功能进行检查，并将检查结果记录在表 2-47 中。

维修结果检验记录表　　　　　　　　表 2-47

检查项目	检查结果	检查人确认
视觉传感器线路是否恢复正常	是□ 否□	
视觉传感器电压是否恢复正常	是□ 否□	
故障部件是否工作正常	是□ 否□	
系统功能是否恢复正常	是□ 否□	
维修工具是否整理归位	是□ 否□	
维修工位是否打扫干净	是□ 否□	
工作页是否填写完整	是□ 否□	

(六)质量检查

由指导教师检查维修结果,并针对实训过程出现的问题提出改进措施及建议,填写完成表 2-48。

实训过程评价表　　　　　　　　　　　　　　　表 2-48

序号	评价标准	评价结果	改进建议
1	维修前车辆的检查		
2	线控执行系统模块的检查		
3	故障部件的更换		
综合评语			

(七)评价反馈

根据自己在实训过程中的表现进行自我评价,开展小组间互评及教师点评,填写完成表 2-49。

自我评价:_____。
小组互评:_____。
教师点评:_____。

实训成绩单　　　　　　　　　　　　　　　　表 2-49

序号	项目	评分标准	分值	得分
1	接受任务	明确工作任务,理解任务在企业工作中的重要程度	5	
2	信息收集	掌握客户信息要完整,无遗漏	5	
3		咨询并登记好维修车辆的基本信息	5	
4		检查车辆基本功能,记录故障信息	5	
5		按照车辆维修的基本流程完成客户的基本服务接待	5	
6	制订计划	按照控制执行系统及外观检查流程,制订合适的行动计划	10	
7		能协同小组人员安排任务分工	5	
8		能在实施前准备好所需要的工具器材	5	
9	计划实施	规范地进行场地布置及工具检查	5	
10		识别控制执行系统总成结构部件	5	
11		正确完成控制模块、接口、连接线束、部件的检查	10	
12		正确找出故障	10	
13		正确更换部件	10	
14	质量检查	学生任务完成,操作过程规范	5	
15	评价反馈	学生能对自身表现情况进行客观评价	5	
16		学生在任务实施过程中能发现自身问题	5	
		得分		

八 组合导航系统故障分析

(一)实训目标

(1)能够依据接待要求,结合客户的需求,独立完成接待前物料的准备工作。
(2)能够根据车辆故障现象,完成组合导航系统的故障点排查。
(3)能够选用合适的工具、设备,与他人合作,完成组合导航系统的故障维修与拆装调试。

(二)接受工作任务

汽车服务站新接收了一辆待维修车辆,该车车辆故障表现为组合导航系统失效。本任务需对该车辆组合导航系统进行故障点排查,并对其进行更换和调试。

(三)信息收集

(1)客户信息登记:进店时间:_____年_____月_____日。
　　　客户姓名:_____,电话:_____。
(2)客户车辆登记:车型:_____,车牌号码:_____。
车辆的 VIN 码:_____。
(3)车辆进店时里程数:_____,油量/电量:_____。
车上故障灯:□无　　□有。
(4)车辆外观检查情况:剐蹭痕迹:□无　　□有(若有请标注在车辆登记表格中加以说明)。
(5)车辆进店维修内容:_____
_____。
(6)车内检查:转向盘和仪表盘上的自动驾驶功能显示:
□正常启动
□无法启动
□能启动但显示异常(原因是:_____)。
(7)本次维修预计需要的时长为:_____。
(8)本次维修后需要提供给客户的资料有:_____。
(9)本次维修后车辆清洗情况:□要清洗　　□不需要清洗。

(四)计划制订

准备组合导航测量所需的用品和工具设备,见表2-50。按照指导手册,制订检修计划。

模块二 智能网联汽车环境感知系统的维修与故障排除

组合导航测量所需用品及工具设备　　　　　　　　　　　　　　表 2-50

类　　别	所需物料
车辆防护用品	通用防护用品：车内防护用品、翼子板布； 高压防护用品（新能源车辆）：绝缘垫、隔离带、高压警示牌、绝缘手套、绝缘鞋、护目镜
测试仪器、设备	万用表、网络检测仪

（五）计划实施

（1）硬件检查。对组合导航外观及安装状态进行初步检查，检查内容见表2-51。

组合导航外观及安装状态检查记录表　　　　　　　　　　　　表 2-51

序号	检查项目	检查内容	是否正常	维修意见
1	GPS天线外观	外壳是否破损	是□　否□	更换GPS天线
		是否有进水痕迹	是□　否□	
		是否有敲击痕迹	是□　否□	
2	导航模块外观检查	外壳是否损伤	是□　否□	更换导航模块
		是否有进水痕迹	是□　否□	
		是否有敲击痕迹	是□　否□	
3	安装位置检查	GPS天线安装位置是否正确	是□　否□	重新安装调整
		GPS天线附近有无干扰源	是□　否□	
		导航模块安装位置是否正确	是□　否□	
		安装是否紧固	是□　否□	
		固定底座是否变形	是□　否□	
4	组合导航线束接口	接口是否存在虚接、破损、进水以及有异物等情况	是□　否□	更换或维修
5	组合导航线束	线束是否存在破损、折断、烧蚀等情况	是□　否□	更换或维修

（2）拆画电路图。查阅相关手册，在下面框中拆画组合导航相关电路。

（3）测量定位系统线路。测量车辆定位系统数据，并将检测结果及维修意见填入表2-52。

定位系统线路测量记录表　　　　　　　　　　　　　　　　表 2-52

序号	检测项目	检测内容	检测工具	检测结果	标准值	是否正常	维修意见
1	供电线路	电压	万用表		12V	是□ 否□	
2	搭铁线路	电阻	万用表		<1Ω	是□ 否□	
3	GPS 信号（前）	电阻	万用表		<1Ω	是□ 否□	
4	GPS 信号（后）	电阻	万用表		<1Ω	是□ 否□	
5	网线	通断	网络检测仪		数据手册	是□ 否□	

（4）维修结果检验。根据表 2-53 中的检测结果对故障部位进行维修，维修后重新对该功能进行检查，并将检查结果记录在表 2-53 中。

维修结果检验　　　　　　　　　　　　　　　　表 2-53

检查项目	检查结果	检查人确认
GPS 定位线路是否恢复正常	是□ 否□	
GPS 定位模块电压是否恢复正常	是□ 否□	
故障部件是否工作正常	是□ 否□	
系统功能是否恢复正常	是□ 否□	
维修工具是否整理归位	是□ 否□	
维修工位是否打扫干净	是□ 否□	
工作页是否填写完整	是□ 否□	

（六）质量检查

由指导教师检查维修结果，并针对实训过程出现的问题提出改进措施及建议，填写完成表 2-54。

实训过程评价表　　　　　　　　　　　　　　　　表 2-54

序　号	评价标准	评价结果	改进建议
1	维修前车辆的检查		
2	线控执行系统模块的检查		
3	故障部件的更换		
综合评语			

（七）评价反馈

根据自己在实训过程中的表现进行自我评价，开展小组间互评及教师点评，填写完成表 2-55。

自我评价：_____。
小组互评：_____。
教师点评：_____。

模块二　智能网联汽车环境感知系统的维修与故障排除

实训成绩单　　　　　　　　　　　　　　　　　　表2-55

序　号	项　目	评分标准	分　值	得　分
1	接受任务	明确工作任务,理解任务在企业工作中的重要程度	5	
2	信息收集	掌握客户信息要完整,无遗漏	5	
3		咨询并登记好维修车辆的基本信息	5	
4		检查车辆基本功能,记录故障信息	5	
5		按照车辆维修的基本流程完成客户的基本服务接待	5	
6	制订计划	按照控制执行系统及外观检查流程,制订合适的行动计划	10	
7		能协同小组人员安排任务分工	5	
8		能在实施前准备好所需要的工具器材	5	
9	计划实施	规范地进行场地布置及工具检查	5	
10		识别控制执行系统总成结构部件	5	
11		正确完成控制模块、接口、连接线束、部件的检查	10	
12		正确找出故障	10	
13		正确更换部件	10	
14	质量检查	学生任务完成,操作过程规范	5	
15	评价反馈	学生能对自身表现情况进行客观评价	5	
16		学生在任务实施过程中能发现自身问题	5	
		得分		

九　惯性导航传感器装调分析

(一) 实训目标

(1) 能够依据接待要求,结合客户的需求,独立完成接待前物料的准备工作。
(2) 能够根据车辆故障现象,完成惯性导航传感器更换的准备工作。
(3) 能够使用拆装工具,完成惯性导航传感器更换作业。
(4) 能够选用合适的工具、设备,与他人合作,完成惯性导航传感器的测试作业。

(二) 接受工作任务

汽车服务站新接收了一辆待维修车辆,经专业评估,初步判断该车辆故障原因为惯性导航传感器损坏。本任务需对该车辆惯性导航传感器进行更换,并对全新惯性导航传感器进行测试。

(三) 信息收集

(1) 客户信息登记:进店时间:＿＿＿＿年＿＿＿＿月＿＿＿＿日。

客户姓名:＿＿＿＿＿＿＿＿＿＿,电话:＿＿＿＿＿＿＿＿＿＿＿＿＿＿＿＿。

(2)客户车辆登记:车型:_____,车牌号码:_____。
车辆的 VIN 码:_____。

(3)车辆进店时里程数:_____,油量/电量:_____。
车上故障灯:□无 □有。

(4)车辆外观检查情况:剐蹭痕迹:□无 □有(若有请标注在车辆登记表格中加以说明)。

(5)车辆进店维修内容:_____
_____。

(6)车内检查:转向盘和仪表盘上的自动驾驶功能显示:
□正常启动
□无法启动
□能启动但显示异常(原因是:_____)。

(7)本次维修预计需要的时长为:_____。

(8)本次维修后需要提供给客户的资料有:_____。

(9)本次维修后车辆清洗情况:□要清洗 □不需要清洗。

(四)计划制订

准备组合导航模块更换所需的用品和工具设备,见表 2-56。按照指导手册,制订更换计划。

组合导航模块更换所需用品及工具设备 表 2-56

类别	所需物料
车辆防护用品	通用防护用品:车内防护用品、翼子板布; 高压防护用品(新能源车辆):绝缘垫、隔离带、高压警示牌、绝缘手套、绝缘鞋、护目镜
检测仪器、设备	拆装工具套装、撬板、扭力扳手、实训车辆

(五)计划实施

(1)拆卸组合导航模块。本任务需对车辆组合导航模块进行拆卸。参照维修手册,按照标准步骤完成组合导航模块的拆卸,并在表 2-57 中填写相应步骤所用工具。

组合导航模块拆卸记录表 表 2-57

序号	检查内容	使用工具	注意事项
1	铺设车辆防护用品		按需铺设,电动车辆应铺设绝缘防护
2	卸下车辆相关附件		按标准流程进行拆卸
3	拆下 GPS 连接组合惯性导航的数据线		前后 GPS 接收器共有两条数据线

续上表

序号	检查内容	使用工具	注意事项
4	拆下 GPS 接收器		GPS 接收器底部具有磁性,直接固定在车辆上,用力拔出即可
5	拆卸 IMU 固定螺栓		IMU 共有 4 个固定螺栓
6	拔掉 IMU 与 4G 路由器接口处工控机的 USB 接口		—

（2）安装组合导航模块。本任务需对车辆组合导航模块进行安装。参照维修手册,按照标准步骤完成组合导航模块的安装,并在表 2-58 中填写相应步骤所用工具。

组合导航模块安装记录表　　　　　　　　表 2-58

序号	操作内容	使用工具	注意事项
1	安装固定 IMU		IMU 共有 4 个固定螺栓、IMU 安装在车辆后轴中心线上
2	安装 GPS 接收器		分别确定车辆前、后部接收器安装位置
3	连接 IMU 与 4G 路由器以及工况机的数据线		—
4	连接 GPS 与 IMU 的数据线		前、后接收器各有一条数据线
5	安装车辆相关附件		按标准流程进行安装

（3）将组合导航模块更换所需的用品和工具设备归位。

（六）质量检查

由指导教师检查维修结果,并针对实训过程出现的问题提出改进措施及建议,填写完成表 2-59。

实训过程评价表　　　　　　　　表 2-59

序　号	评价标准	评价结果	改进建议
1	维修前车辆的检查		
2	线控执行系统模块的检查		
3	故障部件的更换		
综合评语			

（七）评价反馈

根据自己在实训过程中的表现进行自我评价,开展小组间互评及教师点评,填写完成表 2-60。

自我评价：_____。
小组互评：_____。
教师点评：_____。

实 训 成 绩 单　　　　　　　　　　　表 2-60

序 号	项 目	评 分 标 准	分 值	得 分
1	接受任务	明确工作任务,理解任务在企业工作中的重要程度	5	
2	信息收集	掌握客户信息要完整,无遗漏	5	
3	信息收集	咨询并登记好维修车辆的基本信息	5	
4	信息收集	检查车辆基本功能,记录故障信息	5	
5	信息收集	按照车辆维修的基本流程完成客户的基本服务接待	5	
6	制订计划	按照控制执行系统及外观检查流程,制订合适的行动计划	10	
7	制订计划	能协同小组人员安排任务分工	5	
8	制订计划	能在实施前准备好所需要的工具器材	5	
9	计划实施	规范地进行场地布置及工具检查	5	
10	计划实施	识别控制执行系统总成结构部件	5	
11	计划实施	正确完成控制模块、接口、连接线束、部件的检查	10	
12	计划实施	正确找出故障	10	
13	计划实施	正确更换部件	10	
14	质量检查	学生任务完成,操作过程规范	5	
15	评价反馈	学生能对自身表现情况进行客观评价	5	
16	评价反馈	学生在任务实施过程中能发现自身问题	5	
得分				

思考与练习

一、判断题

1. 智能网联汽车环境感知传感器在智能网联汽车上的配置与自动驾驶级别有关,自动驾驶级别越高,所配置的传感器越少。（　　）

2. 超声波雷达外观和安装状态检查的第一步是检测超声波雷达的外观和安装状态。（　　）

3. 当激光雷达硬件线路检测结束后,在确保其供电正常的情况下,使用激光雷达厂家提供的检测软件对激光雷达进行自检即可。（　　）

二、选择题

1. 智能网联汽车环境感知传感器主要有哪些?（　　）

　　A. 激光雷达　　　　　　B. 毫米波雷达　　　　　C. 超声波雷达　　　　D. 视觉传感器

2. 一般毫米波雷达的工作电压标准值为（　　）。

　　A. 5V　　　　　　　　B. 12V　　　　　　　　C. 24V　　　　　　　D. 220V

3. 视觉传感器硬件线路进行检测时,需查看对应视觉传感器技术手册,查看硬件的线路连接图,使用工具对视觉传感器硬件故障进行排查。首先使用万用表的电压挡检测视觉传感器是否工作在工作电压状态,一般激光雷达的工作电压标准值为（　　）。

　　A. 5V　　　　　　　　B. 12V　　　　　　　　C. 24V　　　　　　　D. 220V

三、简答题

1. 请描述超声波雷达的检修流程。

2. 请说明视觉传感器的检修流程。

3. 请画出车载导航系统功能故障检修的流程图。

模块三 智能网联汽车控制决策系统的维修与故障排除

学习目标

▶ 知识目标
1. 熟悉智能网联汽车决策系统的检测与维修方法及步骤；
2. 能说出 LIN 总线故障现象；
3. 能说出 LIN 总线故障检测流程；
4. 能复述 CAN 总线常见的故障并对其常见故障进行分析。

▶ 技能目标
1. 能对智能网联汽车控制决策系统故障原因进行分析；
2. 能正确按决策系统的检测与维修方法及步骤对其进行检修；
3. 能够根据以上记录结果，分析并判断故障的原因，制订维修方案；
4. 能够对 LIN 总线进行故障诊断；
5. 能够对 CAN 总线综合故障进行检测。

▶ 素养目标
1. 具有探索精神，保持对新技术、新事物学习研究的兴趣；
2. 通过实训培养学生勇于实践、敢于动手的精神。

建议课时
12 课时

车辆动力学是自动驾驶车辆控制的基础。简易的二自由度车辆动力学模型又称为自行车模型，描述了车辆纵向、侧向、横摆等基本的运动状态，体现了车辆运动过程中典型的轮胎侧偏特性，可以对绝大多数应用场景下车辆运动状态进行比较准确的描述。

智能网联汽车自动驾驶控制

自动驾驶要实现对车辆的运动和车身电气进行自动控制，需要相应的线控系统来满足，其中车身电气系统用于实现对车辆内外部灯光、车门以及人机交互界面等内外部交互的控制,底盘线控系统用于实现对车辆运动的控制。

底盘线控系统包括转向、制动、驱动控制,其中制动部分包括行车制动、驻车制动与辅助制动,驱动系统包括发动机/电机/混合动力控制、传动系统控制等。

（一）车辆纵向控制系统

执行控制算法可以划分为车辆的纵向控制和侧向控制,其中纵向控制是通过车辆的驱动和制动系统等控制车速,侧向控制是通过转向系统等控制车辆的侧向运动。车辆纵向控制系统的整体效果是车辆沿规划的轨迹,在特定行为模式下,以安全舒适的方式行驶并最终抵达目的地,如图3-1所示。

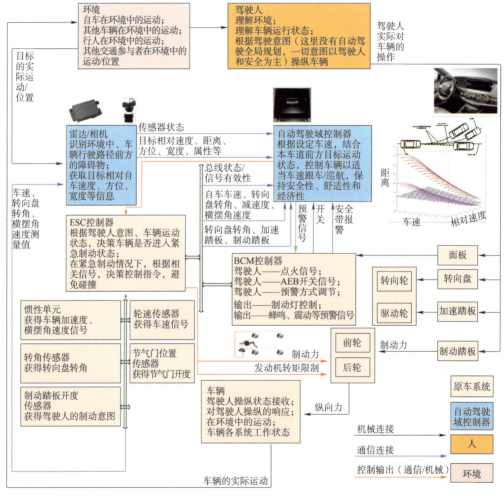

图3-1　车辆纵向控制系统工作原理

（二）车辆侧向控制系统

车辆侧向控制用于控制车辆保持在规划的行驶轨迹上,直到完成驾驶任务。侧向控制

模块三　智能网联汽车控制决策系统的维修与故障排除

系统通过跟踪和预测当前车辆行驶轨迹,并实时与目标轨迹进行对比,根据轨迹间航向、曲率和距离的偏差,实时调整车辆侧向运动,以保证车辆始终跟随目标轨迹,如图 3-2 所示。侧向控制的算法的设计也受安全、舒适、节能等指标的约束。

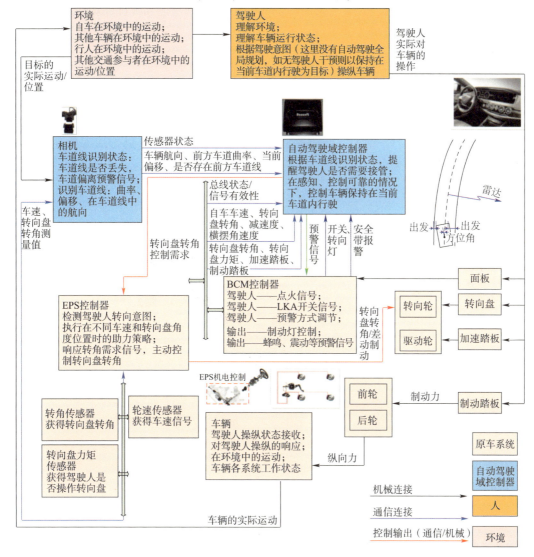

图 3-2　车辆侧向控制系统工作原理

由于智能网联汽车信息的丰富性,侧向控制需求的规划轨迹源自很多方面,比如:由高精度地图规划的全局路径、根据当前环境状态规划的局部路径、车道保持系统中提供的车道识别信息,在侧向控制中需要根据安全、舒适、节能等指标融合各类感知信息,决策最优控制指令。

二、智能网联汽车决策系统

决策层可以理解为依据感知信息来进行决策判断,确定适当工作模型,制定相应控制策略,替代人类驾驶人作出驾驶决策。先进的决策理论包括模糊推理、强化学习、神经网络和贝叶斯网络技术等。由于人类驾驶过程中所面临的路况与场景多种多样,且不同人对不同情况所作出的驾驶策略应对也有所不同,因此驾驶决策算法的优化需要非常完善高效的人工智能模型以及大量的有效数据。这些数据需要尽可能地覆盖各种罕见的路况,而这也是驾驶决策发展的最大瓶颈所在。

(一)决策系统的定义

智能网联汽车是集感知、决策和控制等功能于一体的自主交通工具,其中,智能决策是依据感知信息来进行决策判断,确定适当工作模型,制定相应控制策略,替代人类驾驶人作出驾驶决策。智能网联汽车决策层需要大量的信息融合、数据运算来进行深度学习和训练,如图3-3所示。

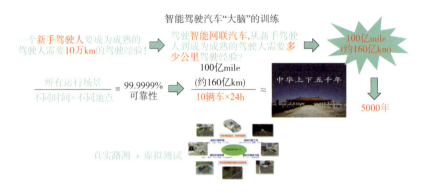

图3-3 智能网联汽车决策训练

决策层的功能类似于给智能网联汽车下达相应的任务:一方面要进行预测,例如在车道保持、偏离预警、车距保持、障碍物警告等系统中,需要预测本车及相遇的其他车辆、车道、行人等在未来一段时间内的状态;另一方面要进行规划,对于周围的车辆或其他障碍物,需要在给定的约束条件下,规划出一条可以走的路线。在一套完整的自动驾驶系统中,如果将环境感知模块比作人的眼睛,那么智能决策模块就是自动驾驶的大脑。

(二)决策系统介绍

传统意义上自动驾驶系统的决策控制软件系统包含环境预测、行为决策等功能模块。

1. 环境预测模块

环境预测模块作为决策规划控制模块的直接数据上游之一,其主要作用是对感知层所识别到的物体进行行为预测,并且将预测的结果转化为时间空间维度的轨迹传递给后续模块。通常感知层所输出的物体信息包括位置、速度、方向等物理属性。

利用这些输出的物理属性,可以对物体作出"瞬时预测"。环境预测模块不局限于结合物理规律对物体作出预测,而是可结合物体和周边环境以及积累的历史数据信息,对感知到的物体作出更为"宏观"的行为预测。例如在图3-4中,通过识别行人在人行道的历史行进动作预测出行人可能会在人行道上穿越路口,而通过车辆的历史行进轨迹可判断其会在路口右转。

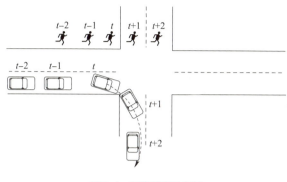

图 3-4　环境预测示意图

注:t 代表当前时刻。

2. 行为决策模块

行为决策层在整个智能网联汽车规划控制软件系统中扮演着"大脑"的角色。这个层面汇集了所有汽车感知到的重要的周边信息,不仅包括了智能网联汽车本身的当前位置、速度、朝向,以及到达目的地的导航信息和当前所处车道,还收集了智能网联汽车一定距离以内的障碍物信息。行为决策层需要解决的问题就是在知晓这些信息的基础上,决定智能网联汽车的行驶策略,使得智能网联汽车可以安全地到达目的地。这些信息具体包括以下几点。

(1)可以到达目的地的全局路径规划结果:如智能网联汽车为了到达目的地,需要进入什么道路,在哪一个路口左/右转,在哪里直行。

(2)智能网联汽车的当前自身状态:车的位置、速度、朝向,以及当前主车所在的车道、按照路由寻径需要进入的下一个车道等。

(3)智能网联汽车的历史决策信息:在上一个计算周期内,行为决策模块所作出的决策是什么?跟车、停车、转弯还是换道?

(4)智能网联汽车周边的障碍物信息:智能网联汽车周边一定距离的所有障碍物信息。例如,周边的汽车所在的车道,邻近的路口有哪些汽车,它们的速度、位置如何,以及在一个较短的时间内它们的意图和预测的轨迹;周边是否有骑车人或者行人,以及他们的位置、速度、轨迹等。

(5)智能网联汽车周边的地理信息:一定范围内车道的结构变化情况,如前方 50m 处有车道变窄或新增车道,前方 30m 处车道线由虚线变成实线,前方是否有人行横道、交通信号灯,前方道路是否限速,哪条车道可以在前方路口左转、右转和直行等。

由于需要考虑多种不同类型的信息,行为决策问题往往很难用单一的数学模型来求解,而要利用一些软件工程的先进理念来设计规划引擎(规划引擎是将业务规则、决策从程序代码中分离出来,并使用预定义的语义模块编写业务决策的组件)。现阶段,马尔可夫决策过程的模型也开始被越来越多地应用于自动驾驶系统行为层面的决策算法实现当中。简言之,行为决策层面需要结合环境预测模块的结果,输出宏观的决策指令供后续的规划模块去更具体地执行。

行为规划是根据路径规划目标,结合环境感知模块对驾驶环境的描述,以及预测模块对驾驶环境变化趋势的预测,对车辆需要采取的行为作出规划,如图3-5所示。

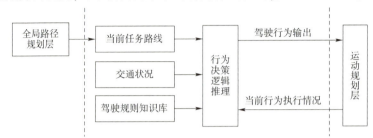

图3-5 行为规划

行为决策的主要任务是按照任务规划的目标和当前的局部情况(其他的车辆和行人的位置和行为,当前的交通规则等),作出下一步智能网联汽车应该执行的决策。被送到决策模块的原始数据包括但不限于位置、速度、加速度、航向在内的车辆自身信息,以及当前车道信息和在特定半径内的任何感知到的物体信息等。输入数据一般如下:

(1)路径规划模块的输出。
(2)智能网联车辆自身的属性。
(3)智能网联车辆的历史信息。
(4)智能网联车辆周围的障碍物信息。
(5)交通和地图信息。
(6)当地的交通规则。

常用行为决策算法有:
(1)基于有限状态机(Finite State Machine,FSM)或决策树的规则决策算法。
(2)马尔科夫决策和增强学习算法。
(3)端对端深度神经网络决策算法。

三 智能网联汽车网络系统架构搭建

(一)搭建车载网络系统架构

1. 智能交通系统

智能交通系统(Intelligent Traffic System,ITS)是将先进的科学技术(信息技术、计算机处理技术、数据通信技术、传感器技术、电子控制技术、运筹学、人工智能等)有效地综合运用于整个地面交通管理系统而建立的一种在大范围内、全方位发挥作用的,实时、准确、高效的综合交通运输管理系统,是未来交通系统的发展方向。智能交通系统是随着车联网技术的发展而不断发展的,车联网的终极目标是智能交通系统。

2. 智能网联汽车网络类型

智能网联汽车上应用的网络包括:以车内总线通信为基础的车内网络,也称车载网络;

以短距离无线通信为基础的车载自组织网络；以远距离无线通信为基础的车载移动互联网络。三种网络构建起智能网联汽车的网络架构，如图3-6所示。

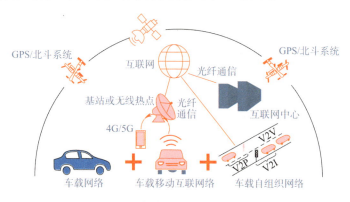

图3-6　智能网联汽车网络构架

3. 车载网络系统

车辆诸多控制模块、执行器、控制装置之间需要进行信息交换，传统的"一线一用"无法满足各种信号的传递。为了减少电气节点的数量和导线用量、简化布线、提高通信速度、实现信息共享，车辆车载网络技术应运而生。

车载网络（也称为数据传输总线），就是指在一条数据总线上传递的信号可以被多个系统（控制模块）共享，各系统可以将信号传递至车载网络，同时也可以从车载网络中获取所需的信号，实现信息的双向交换。车载网络将传统的一根导线只能传递一种信号，几种信号就需要几根导线，改变为一根或两根导线便能传递多种信号，从而最大限度地提高了系统整体传输效率，如图3-7所示。

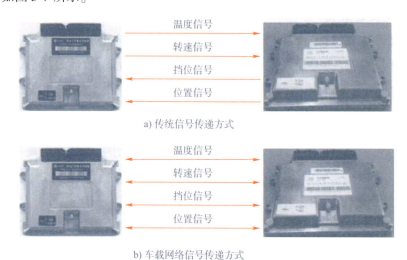

图3-7　车载网络的信息交换

4. 车载网络通信协议分类

通信协议是指通信双方控制信号交换规则的标准、约定的集合，即数据在总线上的传输规则,简单理解为"说同样的语音"并按照既定的控制规则进行交流、配合。按照系统的复杂程度、通信速率、工作可靠性等因素,可将车载网络标准划分为 A、B、C、D、E 五类,各类型车载网络标准的功能与包含的通信协议种类见表 3-1。

通信协议的类型　　　　　　　　　　　　　　　　　　　　　　　表 3-1

序号	类型	通信协议	功　能
1	A 类	LIN（Local Interconnect Network,局域互联网络）协议 TFP/A 协议	面向传感器/执行器控制的低速网络,数据传输速率通常小于 20kbit/s,主要用于后视镜调整、电动车窗、刮水器等车身低速控制
2	B 类	J1850 协议 低速 CAN 协议 VAN 协议	面向独立模块间数据共享的中低速网络,数据传输速率在 10～125kbit/s 之间,主要用于车身电子舒适性模块、仪表显示等系统
3	C 类	TTP/C 协议 FlexRay 协议 高速 CAN 协议	面向实时性控制的中高速多路传输网络,数据传输速率在 125kbit/s～1Mbit/s 之间,主要用于牵引控制、发动机控制、变速器控制、ABS 控制、驱动电机控制、动力蓄电池控制等系统
4	D 类	低速:IDB-C 协议 高速:D2B 协议、MOST 协议 无线蓝牙协议	面向媒体信息的高速传输网络,数据传输速率一般在 1Mbit/s 以上,主要用于车载视频、车载音响、车载电话、导航等信息娱乐系统
5	E 类	安全 byte flight 协议	面向乘员安全系统的高速、实时网络,数据传输速率在 10Mbit/s 以上,主要用于车辆被动性安全领域,如安全气囊系统

(二)车载网络系统的故障诊断

1. 网关的作用

网关(Gateway,GW)是车载网络系统的核心控制装置,负责协调不同结构和特性的总线之间的协议转换、数据交流、故障诊断等工作,在使用不同通信协议、数据格式或语言,甚至体系结构完全不同的两种系统之间,网关充当翻译器的作用,如图 3-8 所示。

网关具有如下作用:

(1)实现数据传输速率不同的各通信协议网络之间的信息转换、共享。

(2)将局域网上的数据转变成可以识别的 OBD-H 诊断数据语言,方便诊断读取。

(3)负责接收和发送信息。

(4)激活和监测局域网络的工作状态。

(5)实现车载网络系统内数据的同步性。

(6)既可以用于广域互联,也可以用于局域互联。

(7)实现数据、信号优先级处理。

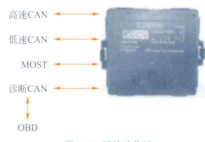

图 3-8　网关的作用

2. 车载网络系统的故障诊断功能

早期的故障诊断仪都是由各个整车制造厂或仪器制造商各自开发的,诊断接口和通信方式各不相同,不能互相通用。以诊断插座为例,福特车系有 7 针、25 针,奔驰车系有圆形 9 针、38 针、长方形 16 针等。这种各自为政的局面不仅给维修工作带来了麻烦,而且也增加了维修成本和人员培训费用,反过来也影响了产品在全球范围的销售。

自 1987 年起,美国加州大气资源局(CARB)规定车载故障自诊断系统必须能够对汽车排气系部件进行监测。1994 年,CARB 颁布了更为严格的废气排放控制法规,规定与排气相关的部件必须与被称为万能扫描工具的故障诊断仪进行通信。同时,美国环境厅(EPA)也采取相应措施在全美国推广使用。在 CARB 的要求下,美国汽车工程学会(SAE)进一步推进了与故障诊断仪相关的标准化工作,形成了诊断仪接口的 OBD-Ⅱ 标准。

OBD-Ⅱ 是 ON-BOARD DIAGNOSITICS 的缩写,即第二代随车电脑诊断系统,它代表了目前大部分诊断仪的技术水平,可以说是一个非常符合实际的标准,因而得到了汽车制造商的支持。

诊断插座统一为 16 针插座,并统一安装于驾驶室仪表板下方(图 3-9)。

图 3-9 16 针插座布置形式

当车辆某一系统(如控制模块出现故障后,OBD-Ⅱ 会通过仪表点亮故障警告灯进行警示,并会储存故障信息。网关将各网络总线上的故障数据转变成可以识别的 OBD-Ⅱ 诊断数据语言,从而通过诊断仪读取各控制模块储存的数据信息(故障码、数据流、基本信息等)。将诊断仪与车辆诊断接口(OBD 16 针脚接口)连接,通过诊断 CAN 与网关通信,读取储存的故障信息。诊断仪故障诊断过程如图 3-10 所示。

图 3-10 诊断仪故障诊断过程

四 LIN 总线故障检测

LIN 总线故障诊断思路如下:首先通过诊断仪读取主控制模块故障码,判断是单个从控制模块无法通信,还是整个 LIN 总线(从控制模块)无法通信。然后进行分析,单个从控制模块无法通信,可能是该从控制模块未正常工作或 LIN 总线支路断路;若是整个 LIN 总线(从控制模块)无法通信,可能是 LIN 总线(对地或对正极)短路或主控制模块侧主路断路,包含一主一从的 LIN 总线结构。

对从控制模块(其中一个)侧 LIN 总线波形进行检测,其故障诊断思路如图 3-11 所示。

五 CAN 总线故障检测与维修

(一)CAN 总线电压检测方法

(1)查找车辆维修手册,在车上找到 CAN 总线的传输导线;

(2)关闭点火开关,等待 2~5min,测量 CAN 总线 CAN_H、CAN_L 电压;
(3)打开点火开关,开关车门,测量 CAN 总线 CAN_H、CAN_L 电压;
(4)关闭点火开关,整理工具设备。

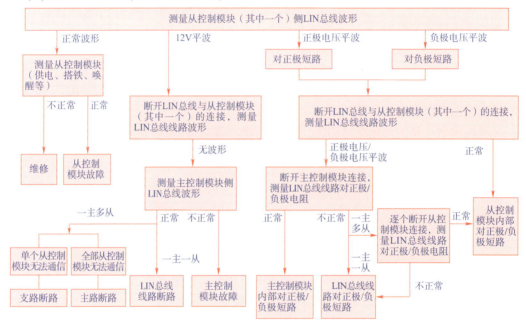

图 3-11　LIN 总线故障诊断思路

(二) CAN 总线波形检测

1. CAN 总线波形图

CAN 总线波形图可以将 CAN_H 和 CAN_L 两根线束上电压信号随时间变化的规律用图形显示出来。CAN 总线波形图清晰、直观,使人们更容易理解数据传输过程,也可以通过波形来判断总线是否正常工作。

2. CAN 总线波形检测方法

(1)打开示波器电源开关;
(2)在车上找到 CAN 总线的双绞线,将 CH1、CH2 测试线连接到 CAN_H 和 CAN_L 数据传输线上,负极线连接到蓄电池负极上;
(3)选择通用示波器功能,进入示波器检测界面;
(4)打开点火开关,检测 CAN 总线的波形是否符合标准,进行波形分析;
(5)退出检测仪,关闭电源开关,整理仪器及设备。

(三) CAN 总线终端电阻检测

1. 终端电阻的作用

终端电阻是一种电子信息在传输过程中遇到的阻碍。高频信号传输时,信号波长相对传输线短,信号在传输线终端会形成反射波,干扰原信号,所以需要在传输线末端加终端电阻,使信号到达传输线末端后不反射。CAN 总线的终端电阻有两个作用:提高抗干扰能力,确保总线快速进入隐形状态;提高信号质量。CAN 总线上的终端电阻一般并联在 CAN 双绞线的两端,均为120Ω,所以 CAN 高低两线间的电阻应为60Ω,如图 3-12 所示。

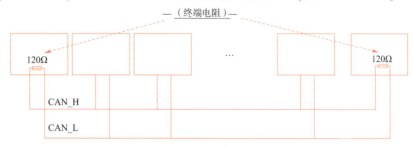

图 3-12　CAN 总线终端电阻

2. CAN 总线终端电阻检测方法

进行检测前,先将蓄电池正负极断开,并使用放电计对残余电束进行放电。使用万用表测得的 CAN 总线电阻值应为60Ω,如图 3-13a)所示;如拔下不带终端电阻的控制模块,测得的 CAN 总线电阻值为60Ω,如图 3-13b)所示;如拔下一个带有终端电阻的控制模块,测得的 CAN 总线电阻值为120Ω,如图 3-13c)所示。通过此方法可判断终端电阻装在哪个控制模块内。

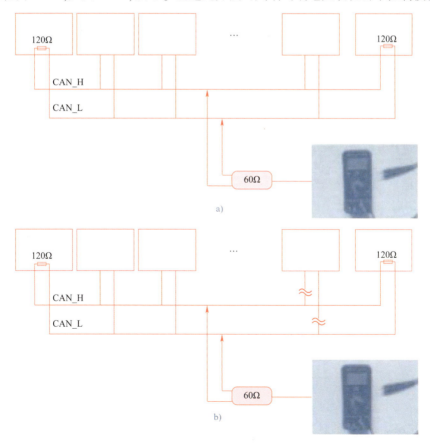

图　3-13

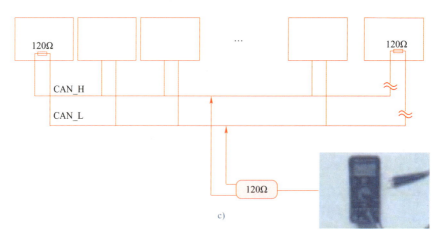

图 3-13 CAN 总线终端电阻检测示意图

技能实训

(一)实训目标

(1)能够依据接待要求,结合客户的需求,独立完成接待前物料的准备工作。

(2)能够结合客户车辆的故障现象,根据维修手册使用专用软件及检测工具,初步判断故障范围。

(3)能够分析采集的数据,判定车辆故障并判断故障原因。

(4)根据以上分析及判定结果,制订车辆维修方案。

(5)能够根据维修手册及操作规范,使用专用设备工具,对车道保持系统的控制器部件、线路等进行检修专业。

(6)根据车道保持系统的功能要求,与他人合作,规范地完成车道保持系统的功能验证及车辆的维修作业。

(二)接受工作任务

汽车服务站新接收了一辆待维修车辆,据车主反映,启动 ADAS 失败,车辆行驶过程中无法实现预警、避障等功能。技师李师傅首先委派学徒工小王对该车的智能决策系统和 ADAS 等相关部件进行检查,要求小王对车辆智能决策系统的损坏、系统部件的信息传输等情况进行记录,并通过智能网联汽车仿真测试平台对智能决策系统进行测试。

(三)信息收集

(1)客户信息登记:进店时间:_____年_____月_____日。
　　　　　　　　客户姓名:_____,电话:_____。
(2)客户车辆登记:车型:_____,车牌号码_____。
车辆的 VIN 码:_____。

(3)车辆进店时里程数：_____，油量/电量：_____。
车上故障灯：□无　　□有。
(4)车辆外观检查情况:剐蹭痕迹：□无　□有(若有请标注在车辆登记表格中加以说明)。
(5)车辆进店维修内容：_____
_____。
(6)查找本车的维修手册：_____册,版本是：_____。
(7)车内检查:转向盘和仪表盘上的自动驾驶功能显示：
□正常启动
□无法启动
□能启动但显示异常(原因是：_____)。
(8)本车维修时：□单人进行　　□双人进行　　□需要技术支持协助完成。
(9)本车车辆传感器检查:车辆碰撞预警传感器_____个,位置在_____。
(10)本次维修预计需要的时长为_____。
(11)本次维修后需要提供给客户的资料有_____
(12)本次维修后车辆清洗情况：□要清洗　　□不需要清洗。

(四)计划制订

(1)根据智能网联汽车决策系统检测规范及要求,制订智能网联汽车智能决策系统的检修计划。

(2)根据维修作业计划,完成小组成员任务分工。

(3)填写完成表3-2。

操 作 流 程　　　　　　　　　　　　　　　表3-2

序　号	作业项目	操作要点	备　注
1			
2			
3			
4			
5			
审核	审核意见： 　　　　　　　　　　　　　年　　月　　日		

(4)维修注意事项：
①实训开始前应摘掉各类饰品,换上实训衣服,长头发需要扎起来并戴帽子。
②确保整车点火处于Lock位置,操作另有特殊要求的除外。
③就车工作时,应施加驻车制动,除非特定操作要求置于其他挡位。

④举升车辆时,按举升机规范要求操作。

⑤工具及实训室使用后,应该进行5S管理,填写完成表3-3。

设备、工具、材料检查   表3-3

序 号	名 称	数 量	清 点
1			□已清点齐备
2			□已清点齐备
3			□已清点齐备
4			□已清点齐备
5			□已清点齐备

(五)计划实施

1. 完成智能网联汽车维修作业前的检查及车辆防护,并记录信息

(1)维修前车辆的检查。

检查内容:_____。

检查结果:_____。

(2)维修前决策系统的检查。

检查内容:_____。

检查结果:_____。

2. 检查智能决策系统参数,并对智能决策系统进行功能测试

(1)检查 ADAS 中各场景设置的参数,填写完成表3-4。

ADAS 中各场景参数信息   表3-4

测试场景	算法参数设置	单 位	数 据 范 围
自适应巡航控制系统 (晴天/雨天/雪天)			
自动紧急制动系统 (晴天/雨天/雪天)			
主动避障系统 (晴天/雨天/雪天)			
自动泊车辅助系统 (晴天/雨天/雪天)			

模块三 智能网联汽车控制决策系统的维修与故障排除

续上表

测试场景	算法参数设置	单位	数据范围
车道保持辅助系统 （晴天/雨天/雪天）			
盲区检测系统			

（2）测试预警、停障和避障功能，填写完成表3-5。

预警、停障和避障功能测试记录表　　　　　　　　　　　　　表3-5

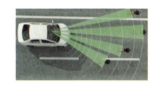 预警功能测试	作业内容： 作业结果：
 停障功能测试	作业内容： 作业结果：
 避障功能测试	作业内容： 作业结果：

（3）对智能决策系统进行功能仿真验证，并记录相关操作及注意事项，填写完成表3-6。

仿真验证记录表　　　　　　　　　　　　　表3-6

操作步骤	示意图	具体操作及注意事项
开启智能网联汽车功能开关		

续上表

操作步骤	示意图	具体操作及注意事项
实车与仿真平台线路连通		
CAN卡连线及开关设置		
开启自动驾驶模式		
调取传感器装调参数		
设置算法参数		
进行功能测试		
完成功能测试		
查看测试报告		

3. 故障部件的更换

故障件名称：＿＿＿＿＿＿＿＿；故障件物料编号＿＿＿＿＿＿＿＿＿＿＿。

故障件是否已更换：□是　　□否　　备注：＿＿＿＿＿＿＿＿＿＿＿＿。

模块三　智能网联汽车控制决策系统的维修与故障排除

（六）质量检查

由指导教师检查实训结果，并针对实训过程出现的问题提出改进措施及建议，填写完成表 3-7。

实训过程评价表　　　　　表 3-7

序号	评价标准	评价结果	改进建议
1	维修前车辆的检查及车辆防护	□	□
2	智能决策系统部件外观检查	□	□
3	智能决策系统功能测试	□	□
综合评语			

（七）评价反馈

根据自己在实训过程中的表现进行自我评价，开展小组间互评及教师点评，填写完成表 3-8。

自我评价：_____。
小组互评：_____。
教师点评：_____。

实训成绩单　　　　　表 3-8

序号	项目	评分标准	分值	得分
1	接受任务	明确工作任务，理解任务在企业工作中的重要程度	5	
2	信息收集	掌握客户信息完整，无遗漏	5	
3		咨询并登记好维修车辆的基本信息	5	
4		检查车辆基本功能，记录故障信息	5	
5		按照车辆维修的基本流程完成客户的基本服务接待	5	
6	制订计划	按照智能决策系统及外观检查流程，制订合适的行动计划	10	
7		能协同小组人员安排任务分工	5	
8		能在实施前准备好所需要的工具器材	5	
9	计划实施	规范地进行场地布置及工具检查	5	
10		识别控制执行系统总成结构部件	5	
11		正确完成智能决策模块、接口、连接线束、部件的检查	10	
12		检查智能决策系统是否符合标准	10	
13		对智能决策系统功能进行仿真验证	10	
14	质量检查	学生任务完成，操作过程规范	5	
15	评价反馈	学生能对自身表现情况进行客观评价	5	
16		学生在任务实施过程中能发现自身问题	5	
		得分		

思考与练习

一、判断题

1. 纵向控制是通过车辆的驱动和制动系统等控制车速,侧向控制是通过转向系统等控制车辆的侧向运动。（ ）

2. 在侧向控制中需要根据安全、舒适、节能等指标融合各类感知信息,决策最优控制指令。（ ）

3. 车载网络标准可划分为 A、B、C、D、E、F 六类。（ ）

二、选择题

1. 当车辆某一系统(控制模块)出现故障后,(   )会通过仪表点亮故障警告灯进行警示,并会储存故障信息。

  A. OBD-Ⅰ   B. OBD-Ⅳ   C. OBD-Ⅱ   D. OBD-Ⅲ

2. CAN 总线波形图可以将(   )和(   )两根线束上电压信号随时间变化的规律用图形显示出来。

  A. CAN_H   B. CAN_L   C. CAN_M   D. CAN_N

3. CAN 总线的终端电阻作用有(   )个。

  A. 1   B. 2   C. 3   D. 5

三、简答题

1. 网关的作用是什么?

2. CAN 总线电压检测方法是什么?

3. LIN 总线故障诊断思路是什么?

模块四 智能网联汽车执行系统的维修与故障排除

学习目标

▶ 知识目标

1. 熟悉并能分析智能网联汽车执行系统故障现象；
2. 熟悉智能网联汽车执行系统的故障原因；
3. 熟悉智能网联汽车执行系统的检测与维修方法及步骤。

▶ 技能目标

1. 能对智能网联汽车执行系统故障原因进行分析；
2. 能正确地按执行系统的检测与维修方法及步骤对执行系统进行检修。

▶ 素养目标

1. 培养学生具有与人合作共事的团队精神；
2. 通过实训培养学生勇于实践、吃苦耐劳、爱岗敬业、敢于动手的精神。

建议课时

12 课时

一 汽车线控动力系统的检修

（一）汽车线控动力系统的故障现象

线控节气门是一种电子控制装置，通过线束来代替拉杆，用电动机来驱动节气门的开度变化。

线控节气门具有如下优点：
（1）控制精确。
（2）比传统情况更加省油，日常操作也比较舒适。
（3）稳定性高。

线控节气门的缺点如下：

(1)工艺复杂,制造、维修成本高。

(2)极端情况下会有延退效果。

汽车线控动力系统的故障主要有加速踏板反弹异响、加油无力、怠速不稳、故障灯亮等。

加速踏板是线控动力系统中的关键部件,其原理就是通过节气门位置传感器将加速需求信号转化为电压信号发送至电子控制单元(Electronic Control Unit,ECU),ECU综合当前车速、车距、节气门开度、发动机转速等信息,计算出节气门的最佳开度。ECU控制直流电机输出转矩,不断调节电子节气门开度,节气门位置传感器将节气门位置信号反馈给ECU形成闭环控制,最终使电子节气门稳定至最佳开度。

电子加速踏板出现故障,可能会导致踩踏异响或者踏板无法归位等现象,这是极其危险的。大多数电子加速踏板故障是内部节气门传感器造成的,节气门传感器出现故障或损坏,故障灯会亮起,ECU将无法感知节气门开度大小,从而导致汽车怠速不稳、加速卡滞、加速无反应等现象。

(二)汽车线控动力系统故障原因分析

1. 无法测得节气门位置信号

故障原因:ECU至传感器之间的线路断路。

2. 发动机加速无力

故障原因:传感器内部两套电阻之间不能够相互检测,ECU无法获得当前加速踏板的正确位置,出现发动机加速无力的故障现象;电位计中某一套电阻失效,导致ECU接收错误信号。

3. 发动机不能加速

故障原因:电子加速踏板内电位计失效或者线路断路。

(三)电子节气门位置传感器的检修

1. 外线路检查

参考图4-1,用万用表的电阻挡,分别测量电子节气门位置传感器的各端子与对应的ECU端子之间的电阻值,判断外线路是否存在短路及断路故障。

2. 传感器电压值测量

关闭点火开关,拔下电子节气门位置传感器插头,将点火开关旋至"ON",线束侧插头1号、2号端子与搭铁之间电压值应为5V,3号、5号端子间电压为0V。

3. 传感器电阻值测量

关闭点火开关,拔下电子节气门位置传感器插

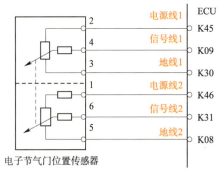

图4-1 电子节气门位置传感器接线图

头,传感器侧 5 号、6 号端子之间电阻应为(1.2±0.4)kΩ,1 号、5 号端子之间电阻为(1.7±0.8)kΩ。

4. 数据流检测

用 X-431 故障诊断仪读取发动机系统数据流,涉及节气门位置传感器的数据流有 3 个:加速踏板 1 电位计电压值、加速踏板 2 电位计电压值、滤波前的节气门开度。

接入诊断仪,将点火开关旋至"ON",读取发动机系统数据。不踩踏加速踏板时,加速踏板 1 电位计电压值应为 0.7V 左右,加速踏板 2 电位计电压值为 0.35V 左右,滤波前的节气门开度应为缓慢踩下加速踏板时的节气门开度。上述 3 个数据的变化规律如下:滤波前的节气门开度数值应逐渐增加至 100%;加速踏板 1 电位计电压值与加速踏板 2 电位计电压值应同时增加,但是前者的瞬时数值为后者数值的 2 倍。

5. 检测维修注意事项

检测时,应注意检测加速踏板能否踩到全开位置,特别要注意是否因车内驾驶座椅下方的地毯过厚或位置不当将踏板顶住,无法踩到 100% 的位置。

二、汽车线控转向系统的检修

(一)汽车线控转向系统主要故障分析

在汽车线控转向系统中,机械元件的可靠性要高于电气元件。线控转向系统中的电气元件主要包括电机、传感器、ECU 和电源,其中又以电机和传感器的可靠性较低。

1. 电机故障分析

汽车线控转向系统电机属于控制系统中的执行器,其常见的故障模式主要有卡死、增益变化、恒偏差三种。

2. 传感器故障分析

汽车线控转向系统传感器故障模式主要有卡死、增益变化、恒偏差三种。

(二)汽车线控转向系统主要故障原因

1. 电机故障原因

汽车线控转向系统中的电机包括路感电机和转向电机。路感电机接受主控制器送来的力矩信号,产生转向盘回正力矩,以为驾驶人提供相应的路感信息,如果路感电机发生故障将有可能使驾驶人失去路感;转向电机则是接受主控制器的命令,实现驾驶人的转向意图,转向电机发生故障也将产生严重后果。因此,必须对电机的状况进行监控,一旦电机发生故障,故障诊断系统应能及时有效地发现故障并提供必要的故障信息,为下一步的容错控制提供条件。

电机可以分为机械部分和电气部分,电机的诊断主要是针对电机电气部分,利用实时递归最小二乘估计器或自适应滤波器连续估计电机的电枢线圈电阻和电机常数等。电机参数诊断法是电机诊断的一种方法,电机参数对于正常的电机来说应该处于正常的范围内,一旦它们超出正常范围,即可判断电机出现了故障。

2. 传感器故障原因

汽车线控转向系统中有很多传感器,有反映车辆状态的侧向加速度传感器、横摆角速度传感器,用于电机控制的电流传感器和转角传感器,用于感知驾驶人转向意图的转角传感器等,这些传感器一般由精密元件组成,工作于恶劣的环境之中,难免出现故障,一旦发生故障,轻则使控制系统的性能降低,重则导致灾难性后果。

传感器故障诊断的一个简单思想是构造冗余传感器量测值,通过比较形成残差,然后通过逻辑门限判断故障。硬件冗余由于成本问题而受到很大的限制,取而代之的是解析冗余。解析冗余是利用系统中原本存在的其他传感器与进行故障诊断的传感器潜在的冗余关系,借助一定的算法估计出需要进行诊断的传感器量测值。

(三)汽车线控转向系统故障检修

1. 电机故障诊断方法

针对电机的突变故障,一般使用基于卡尔曼滤波的转向电机故障诊断算法,通过电机参数的突变来确定电机是否处于故障状态。

2. 传感器故障诊断方法

针对传感器的故障,一般也使用基于卡尔曼滤波的传感器故障诊断算法。此方法借助横摆角速度信号和侧向加速度信号进行状态估计,生成残差信号来得到故障诊断信息,利用残差的变化反映传感器的故障情况。

三 汽车线控制动系统的检修

(一)线控制动系统的常见故障现象及原因分析

1. 制动失效

1)故障现象

汽车行驶中,迅速将制动踏板踩到底时,无制动作用。

2)故障原因

(1)制动液不足或无制动液。

(2)制动主缸或制动轮缸密封圈磨损严重或破损。

(3)制动管路破裂或接头松脱。

(4)制动系统中有空气。

3)故障诊断与排除

(1)检查储油罐是否缺少制动液,并及时添加补充。

(2)检查制动管路有无漏油现象,若管路破裂漏油应予以更换,各管路接口松动漏油应重新拧紧。

(3)上述检查正常时,可踩下制动踏板,打开放气螺钉,检查放气螺钉的出油情况。

模块四 智能网联汽车执行系统的维修与故障排除

2. 制动不良

1) 故障现象

踩下制动踏板时,不能产生足够的制动力,致使车辆制动距离过长。

2) 故障原因

(1) 制动踏板自由行程过大。

(2) 制动系统中有堵塞或漏油现象。

(3) 制动系统中有空气。

(4) 制动液质量不符合要求。

(5) 制动蹄与制动鼓或制动盘贴合不良。

(6) 制动间隙过大。

(7) 制动摩擦片质量不符合要求或磨损严重。

(8) 真空助力器工作不良或失效。

3) 故障诊断与排除

(1) 检查储油罐中制动液是否充足,并及时进行补充。

(2) 踩下制动踏板并检查踏板的自由行程,过大时应给予调整。

(3) 踩下制动踏板时有弹性感,说明制动系统中混有空气,应进行放气。

(4) 踩制动踏板时出现金属撞击声,则为主缸密封圈损坏或主缸活塞复位弹簧过软及折断等,应更换制动主缸。

(5) 制动踏板沉重时,表明真空助力器失效,应对助力器总成及真空管路进行检修。

(6) 制动器低温工作正常,高温工作不良,说明制动液质量已经不符合要求,引起了制动液高温汽化的现象,应更换制动液。

3. 制动拖滞

1) 故障现象

制动后抬起制动踏板时,车辆行驶无力,起步困难,有制动感,制动鼓或制动钳有大量发热的情况。

2) 故障原因

(1) 制动踏板自由行程、制动间隙、主缸活塞与推杆间隙过小,踏板复位不良等。

(2) 车轮制动器制动蹄回位弹簧弹力减弱或折断。

(3) 制动主缸或轮缸活塞运动卡滞。

(4) 制动管路堵塞致使回油不畅。

(5) 制动主缸补偿孔堵塞或活塞复位弹簧弹力减弱。

(6) 制动钳支架或制动底板松动、制动盘翘曲变形。

(7) 真空助力器内部卡滞。

(8) 驻车制动装置调整不当或拉索卡滞。

(9) 车轮制动器滑动部位润滑不良。

3) 故障诊断与排除

(1) 检查制动踏板自由行程是否过小或无自由行程,并进行相关部位的调整。

(2)停车后检查各车轮制动鼓(制动钳)是否过热,或将车辆支起后检查各车轮转动是否灵活。

(3)若个别车轮存在转动不灵活及过热现象,故障一般在该轮制动器及制动轮缸处,应检查车轮制动器及其制动轮缸的工作性能。

4.制动跑偏

1)故障现象

制动后方向跑偏,不受控制的情况。

2)故障原因

(1)两侧轮胎气压不同、磨损程度不一致。

(2)一侧制动轮缸工作不良,存在漏油或黏滞等现象。

(3)一侧制动管路漏油、凹陷堵塞使制动液流动不畅或存在空气。

(4)一侧制动蹄或制动摩擦片有油污。

(5)一侧制动蹄、制动鼓或制动盘变形,致使蹄与鼓(或蹄与盘)贴合不良。

(6)两侧车轮制动器制动间隙、制动摩擦片磨损程度不一致。

(7)一侧制动底板或制动钳支架紧固螺栓松动。

(8)两侧轮毂轴承预紧度调整不一致。

(9)前轮定位失准,两侧主销内倾、主销后倾、车轮外倾角不一致,悬架固定件松动等。

3)故障诊断与排除

(1)路试:车辆运行中减速制动时,若车辆向一侧偏斜,说明另一侧车轮制动迟缓或制动力不足,仔细检查该轮制动管路有无凹陷堵塞及漏油现象,并予以排除。

(2)若上述情况良好,可对该轮轮缸进行排气,并检查轮胎气压及其磨损程度。

(3)若上述情况均无问题,应检查制动底板或制动钳支架是否松动,并检查、调整轮毂轴承预紧度。

(4)拆检制动器,检查制动摩擦片表面是否有油污,并查明油污来源,同时应检查制动蹄、制动钳和制动盘是否变形严重,制动轮缸是否工作不良等,视情况维修或更换。

(5)检查压力调节器或制动压力分配阀,视情况维修或更换。

(6)检查、调整前轮定位参数。

5.制动控制系统异常

1)故障现象

制动控制系统警告灯常亮。

2)故障原因

制动控制系统传感器、控制线路或 ECU 出现故障。

3)故障诊断与排除

(1)检测轮速传感器。

(2)通过自诊断系统检测控制单元。

(3)制动压力调节器检测,需要使用专用的检测仪器,对其中的电磁阀、液压泵及继电器进行检测。

模块四 智能网联汽车执行系统的维修与故障排除

(4)借助故障诊断仪器进行检测。

(二)线控制动系统机械部件的损伤形式及检修方法

通常情况下,汽车的制动系统由液压或气压传力装置和机械执行装置组成。

其中,液压制动系统由制动踏板、真空助力泵、制动主缸(总泵)、制动轮缸(分泵)、鼓式或盘式制动器等机械装置组成,广泛应用于轻型车、微型车和轿车的车轮制动。而气压式制动系统由制动踏板、气压泵、油水分离器、储气筒(带安全限压阀)、制动主缸、制动轮缸、鼓式或盘式制动器等机械装置的部件组成,多应用于大型、中型货车和工程机械车辆的车轮制动。

1.盘式制动器主要部件检修

1)制动盘的厚度检查

如图4-2所示,用千分尺测量,首先清洁制动盘,用标记笔在制动盘上标出三个点,要求间隔120°,距制动盘边缘10mm左右,然后用外径千分尺测量出这三个点的制动盘厚度并记录,最后求平均值得到制动盘的厚度。桑塔纳轿车前制动盘标准厚度为10mm,使用极限为8mm,超过极限尺寸应予更换。

2)制动盘端面圆跳动量的测量

制动盘端面圆跳动量大,会使制动踏板抖动或使制动摩擦片磨损不均匀。

如图4-3所示,可用百分表检查制动盘的端面圆跳动量。首先安装磁力表座并固定好,然后安装百分表,将百分表的测量头顶在制动盘上,并预压缩1~2mm,测量头要求距离制动盘边缘10mm左右。转动制动盘并读取测量数据,应不大于0.06mm。若不符合要求,可进行机加工修复(加工后的厚度不得小于8mm)或更换制动盘。

图4-2 检测制动盘厚度　　　　图4-3 检测制动盘端面圆跳动量

制动盘检修的注意事项如下:

(1)严格按照维修工艺、维护手册进行安全操作。

(2)在测量前,需对外径千分尺、百分表等量具进行校准。

(3)制动盘厚度测量点为3个,距制动盘边缘10mm,相距120°。

(4)制动盘端面圆跳动量测量点距制动盘边缘10mm,且百分表与制动盘端面垂直。

（5）拆下制动钳螺栓后，安装时必须更换新制动钳螺栓。

3）盘式制动器制动摩擦片厚度的检查

制动摩擦片是汽车制动系统中最关键的安全零件，对制动效果的好坏起决定性作用。摩擦材料使用完毕后要及时更换制动摩擦片，否则钢板与制动盘就会直接接触，最终会丧失制动效果并损坏制动盘。若制动摩擦片已拆下，可直接用直尺或游标卡尺测量。制动摩擦片的厚度为 14mm，磨损极限为 7mm。若制动块未拆下，可通过检视孔目测，检查制动摩擦片磨损是否均匀。

制动摩擦片厚度对于不同车型不一样，磨损极限也不一样。例如，上海大众前盘式制动器制动片标准厚度 14mm，磨损极限 7mm；后盘式制动器制动摩擦片标准厚度 11.5mm，磨损极限 7.5mm。在测出实际制动摩擦片厚度之后，应判断其是否超过磨损极限，以及是否需要更换。

有些车型自带制动摩擦片磨损显示，当制动片超过磨损极限时，仪表盘中的一个指示灯亮起，提醒驾驶人需要进行维修并更换制动摩擦片。

（1）用直尺测量摩擦片 3 个点，观察是否磨损均匀，如图 4-4 所示。

图 4-4　盘式制动器制动摩擦片磨损检测方法

（2）校准游标卡尺，清洁制动摩擦片并选取至少 3 个测量点，用游标卡尺测量制动摩擦片和制动底板的总厚度，之后再用游标卡尺测量制动片底板的厚度，最后用总厚度减去制动底板厚度就得到了制动摩擦片的厚度，最后对测出的 3 组数据求平均值得到制动摩擦片的厚度，如图 4-5 所示。

图 4-5　新旧制动摩擦片对比

2. 鼓式制动器主要部件检修

（1）制动摩擦片厚度的检查。

用游标卡尺或直尺测量制动摩擦片的厚度，如图 4-6 所示。标准值为 5mm，使用极限为 2.5mm。其铆钉与摩擦片表面距离不得小于 1mm。在未拆下车轮时，制动摩擦片的厚度可从制动底板上观察孔处目测，如图 4-7 所示。若制动摩擦片被油垢污染或浸水潮湿，摩擦系数会急剧降低，引起制动失灵。维护时，拆下制动摩擦片并用汽油清洗，用喷灯加热烘烤，使渗入片中的油渗出来;渗油严重时更换新片。对于浸水的制动摩擦片,可连续制动以产生热能使水蒸发,使其恢复其摩擦系数即可。制动摩擦片表面太光滑、摩擦系数小而制动压力大时,光滑的表面滑磨时便会产生摩擦噪声,或在摩擦副之间塞进了异物挤压摩擦表面,由此也会出现摩擦噪声。维护时应拆下制动鼓、清除异物,并且粗砂纸打磨制动摩擦片,并使之与摩擦副的接触面积达70%以上即可。制动摩擦片严重磨损,表面出现沟槽及不规则形状,制动时不能完全有效地和制动鼓贴合,或制动支撑板变形、破坏了鼓与片的同轴度,局部摩擦、碰撞而出现噪声时,应更换摩擦片并校正制动支撑板。

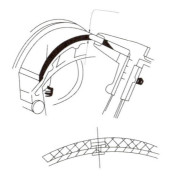

图 4-6　检查测量制动摩擦片的厚度　　图 4-7　目测制动摩擦片的厚度

(2)制动鼓的检修。

检查制动鼓内表面有无烧损、刮痕和凹陷,若不能修磨应换用新件。

检查制动鼓内表面直径,如图 4-8 所示。用游标卡尺或专用仪器检查内表面直径,标准值为 180mm,使用极限为 181mm。

检查制动鼓内表面圆度误差,如图 4-9 所示。用仪器测量制动鼓内表面的圆度误差,使用极限为 0.03mm,超过极限应更换新件。

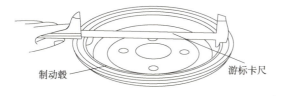 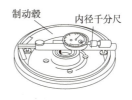

图 4-8　检测制动鼓内表面直径　　图 4-9　检测制动鼓内表面圆度

(3)制动鼓与制动摩擦片接触不良时,应检查两者接触面积,应不小于60%,否则,应继续打磨制动摩擦片的表面,如图 4-10 所示。制动鼓圆度误差超过 0.5mm 以上,会导致制动摩擦片与制动鼓接触不良,制动摩擦力下降。若发现此现象,必须镗削或校整修复。制动鼓镗削后的直径不得大于 220mm,否则应予换用新件。若制动鼓工作面变形(椭圆),制动时制动摩擦片与制动鼓贴合瞬间便会发生碰撞,同时发出尖锐的撞击响声。维护时,应拆下制动鼓,按规范标准进行镗削,并需进行平衡性能校验,不平衡量控制在 200g·cm 之内。

图 4-10　检查制动鼓与制动摩擦片接触面积

(4)出现制动器的制动鼓与制动摩擦片间隙不当;制动鼓与制动摩擦片接触面积太小;制动摩擦片质量不佳或沾有油污,制动摩擦片铆钉松动;制动鼓产生沟槽磨损或失圆,制动时变形等故障,都要进行调整或更换。

车轮制动器发生故障时,应对制动蹄、制动鼓之间过小、过大的间隙进行调整;检查制动鼓与制动蹄的接触面积;对制沾有油污或水的制动摩擦片进行处理;加固松动的制动摩擦片铆钉;更换失圆或磨出沟槽的制动鼓;维修锈死或磨损松旷的凸轮轴和制动蹄支撑销;更换开裂破碎的制动鼓。

(5)若制动产生的热量使复位弹簧受热变形、弹力下降或消失、不能保证制动摩擦片总成及时回位,便不能及时彻底解除制动而导致制动鼓发热。此时,应检修或更换复位弹簧。对复位弹簧进行检查,弹力应无减弱、无变形,若弹簧自由长度增加5%,则应换用新弹簧。

(6)车轮轴承损坏、滚道和滚珠表面出现麻坑、沟槽甚至碎裂,行驶中制动就会出现异响。更换前轮轴承,即可消除此噪声。

(7)遇制动间隙过小、制动踏板自由行程过小,当放松制动踏板时,制动力没有完全解除,使得摩擦副长时间处于摩擦状态;起步困难、行驶无力、用手抚摸轮鼓表面感到烫手等情况,应按规范重新调整制动间隙。

(8)制动手柄没完全放开的原因是调整不当或操作上的疏忽,致使摩擦副长时间处于摩擦状态而发热,必要时应按规范进行调整。

(9)制动器性能检查:汽车每行驶12000km左右时,应对驻车制动器的性能进行检查。

3.制动传动装置主要部件的检修方法

1)制动主缸的检修

检查储液罐是否破损,出现破损应更换。

2)制动轮缸的检修

分解轮缸后,用清洗液清洗轮缸零件;清洗后,检查制动轮缸内孔与活塞外圆表面有无烧蚀、刮伤和磨损情况。如果轮缸内孔有轻微刮伤或腐蚀,可用细砂布磨光。磨光后的缸内孔应用清洗液清洗后,用无润滑油的压缩空气吹干;然后测出轮缸内孔孔径和活塞外圆直径,并计算出内孔与活塞的间隙值,标准值为0.04~0.106mm,使用极限为0.15mm。

3)真空助力泵的检修

如真空增压器或助力器的各真空管路接头松动、脱落,管路有破裂处;膜片破裂或者密封圈密封不良;单向阀、控制阀密封不良;辅助缸活塞、皮碗磨损过甚;单向球阀不密封;阀与阀座如有破裂,沟槽、密封件有泄漏,必须更换;壳体和膜片如有破裂,应予更换或刷镀修复;增压器增压缸磨损一般应更换总成。

4)液压传动装置的放气

(1)放气原则及顺序。

原则:距离制动主缸由远及近。

顺序:右后轮—左后轮—右前轮—左前轮。

(2)放气方法。

①起动发动机,使其处于怠速运转。

②将软管一头接在放气螺塞上,另一头插在一个盛制动液的容器中。

③一人坐于驾驶室内,连续踩下制动踏板,直到踩到最大开度为止,并且保持不动。

④另一人将放气螺塞拧松一下,此时,制动液连同空气一起从胶管喷入瓶中,然后,尽快将放气螺塞拧紧。

⑤在排出制动液的同时,制动踏板高度会逐渐降低,在未拧紧放气螺塞之前,切不可将踏板抬起,以免空气再次侵入。

⑥每个轮缸应反复放气几次,直至将空气完全放出(制动液中无气泡)为止,按照右后轮—左后轮—右前轮—左前轮的顺序逐个放气完毕。

⑦在放气前要将储液罐制动液加至规定高度,放气后也要补加制动液。

5)制动踏板自由行程的调整

将发动机熄火,踩踏制动踏板多次,以消除真空助力器内的残余空气。因为有真空度存在时,无法准确检查制动踏板的自由行程。

踩下制动踏板,直至感到有阻力为止。测量该行程即为踏板自由行程,如图 4-11 所示。如果不符合要求,应通过改变主缸推杆的长度来进行调整。拧松推杆的锁紧螺母,转动推杆至符合规定位置,最后将推杆锁紧螺母锁紧。

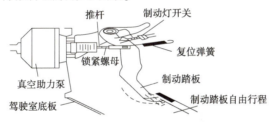

图 4-11　检查制动踏板自由行程

(三)电子机械制动系统的故障检测

EMB 系统代表了智能网联汽车线控制动系统的发展方向。由于它是纯粹的线控制动系统,采用线连接取代了踏板与制动器之间的机械连接,彻底摆脱了固有的机械束缚,在结构上具有了更广阔的设计空间,而且对于 EMB 系统的每个执行器而言,彼此之间相互独立,每个 EMB 执行器都包含一个对应的控制器,对需要制动的车轮进行单独控制。虽然 EMB 系统具有诸多优点,但是由于缺少了机械或液压系统作为制动失效时的功能备份,也给汽车可靠性和安全性带来了新的问题。部分学者对各种电子驱动控制系统(BBW、EHB、SBW、ABS、ESP、BA 等)失效时造成的危害程度进行了研究,研究的结果显示,采用线控驱动的控制系统失效时造成的危害程度相对较高,因此,如何提高线控制动系统的可靠性和安全性是当前研究所面临的最大挑战。

1. EMB 执行器系统故障分析

通过前面对 EMB 执行器的介绍可以知道,影响 EMB 执行器失效的主要原因有以下 3 点:

(1)控制器和电机方面。控制器负责对电机控制进行逻辑运算,将目标制动力信号变为相应的电压信号,驱动电机工作。由于在 EMB 执行器控制器开发时,设计了保护电路防止出现过压过流对电机造成危害,而且电机在输入信号正常范围内工作时,本身出错的概率很小,因此本书不对电机故障进行讨论。

(2)传感器。EMB 执行器上共安装了 3 种传感器——电机电流传感器、电机转速传感器和压力传感器,各测量值反馈到执行器参与电机控制,由于反馈用传感器没有备份,并且传感器属于比较精密的电子元件,本身可靠性受环境影响较大,在恶劣的环境中长期工作,其出错的概率相比其他因素高。

(3)执行结构。执行机构失效的原因与传统制动器相比既有共同点,也有自己的特点,但造成的结果一样,都会导致制动效能降低或丧失。

2. EMB 执行器系统传感器故障

1)传感器故障原因分析

EMB 执行器控制系统需要采集 3 种传感器信号——电机转速信号、电机电流信号及制动压力信号,分别采用转速传感器、电流传感器及压力传感器,用于反馈控制,以提高控制精度。由于传感器属于精密电子元件,所处工作环境恶劣,可靠性较低,因此一旦出现问题,故障信息将引入闭环控制,直接影响到制动力控制品质,严重时将引起制动器失效。

不同类型传感器的对比见表 4-1。

不同类型传感器的对比　　　　表 4-1

类　　型	实　　物	介　　绍
压力传感器		HBW 公司的 C9B 型压力传感器,测量范围 0~20kN,精度可达 0.5%,搭配一个原厂的信号放大器 AE301-S7,信号输出范围为 0~10V,需要 19~26V 电源供电
转速传感器		华特光电科技有限公司的 E2040 型增量式光电编码器,该传感器每秒输出 2000 个脉冲,经过 4 倍频后达到 8000 个,即检测精度是 0.045
电流传感器		Allegro 公司的 ACS712 霍尔效应线性电流传感器,当输入电流为 -20~20A 时,输出电压为 0.5~4.5V

2)引起传感器故障的原因

(1)压力传感器故障:

①传感器内部短路、断路或开路故障。

②端子接触不良,断线故障。
③其他原因造成的传感器性能不良。
(2)电流传感器故障:
①传感器内部电路短路、断路或开路故障。
②电流发热导致连接点发热氧化引起接触不良。
(3)转速传感器故障:
①光栅片光缝堵塞。
②连接器接触不良,轴承损伤。
③连轴器断裂,电缆线虚接,电缆线完全断裂等。
3. 执行器执行机构故障原因分析

相较电气元件,EMB 机械元件的可靠性较高,但是一旦发生机械故障,对驾乘人员的危害也是最大的。

造成执行器机械故障的原因可能来自传动机构的每一个环节,主要有:
(1)制动电机失效。电源电压过低或不稳,电机内部电路故障。
(2)行星齿轮失效。齿面磨损、齿面胶合擦伤、齿面接触疲劳、弯曲疲劳和断齿。
(3)滚珠丝杠失效。滚珠磨损、润滑不良、丝杠弯曲变形、丝杠与导轨不平行、螺母和导轨不平行。

四 线控悬架装置检测与维修

(一)线控悬架装置检修注意事项

(1)当用千斤顶将汽车顶起时,应将高度控制开关拨到"OFF"位置。如果在高度控制开关拨到"ON"位置的情况下顶起汽车,ECU 中将会记录一个故障码。如果已记录了故障码,务必要将它从存储器中清除。

将高度控制开关拨到"OFF"位置时,会显示故障码 71,这是正常的。将开关重新拨到"ON"位置后,该故障码会自动清除。

(2)放下千斤顶前,应将汽车下面的所有物件搬走。
(3)起动汽车之前,应将汽车的高度调整到正常状态。
(4)脱开一只接触式空气管接头,再将它重新接上。脱开和重新装上一只接触式管接头的顺序如下:
①拆开支座。
②拨开卡簧,缓缓地将管子直接拔出(拔出管子时会喷出压缩空气)。
③应防止空气管上的 O 形圈沾上杂质(不要抹掉 O 形圈上的润滑脂)。
④拆下卡簧,装上一只新的卡簧(脱开空气管后,务必更换一只新的卡簧)。
⑤直接将空气管推入并将它装好(应将空气管推入到卡簧发出"咔嗒"声为止)。
⑥装上支座。
⑦检查空气管是否漏气。

(5)前安全气囊传感器安装在空气悬架压缩机和 1 号高度控制阀上面,除非必要,否则不要触及这个传感器。应按照安全气囊维修中的说明,进行与安全气囊传感器相关的所有操作。

(二)线控悬架装置的检查和调整

1.悬架高度的检查和调整

把轮胎气压符合标准的车辆停放在水平地面上。将悬架刚度阻尼模式转换开关拨到"NORM"(标准)位置,如图 4-12 所示。

上下摇动汽车,前后推动汽车,使悬架和车轮处于稳定位置。把变速器操纵杆推到 N 位(空挡),起动发动机。

如图 4-13 所示,拨动高度开关到"HIGH"(高)位置,使汽车高度升高,等待 2min 后,再拨动高度开关到"NORM"(标准)位置,并等待 2min。重复上述操作一次,使 4 个悬架充分稳定。

图 4-12 转换开关拨到"NORM"(标准)位置　　图 4-13 拨动高度开关到"HIGH"(高)位置

2.测量高度

如图 4-14 所示,分别测量前、后部下悬架安装螺栓到地面的高度。以大众辉腾轿车为例,前部高度为(228±10)mm,后部高度为(210.5±10)mm。不符合要求时要进行调整。

3.高度调整

高度调整部位为高度传感器连接杆螺栓。如图 4-15 所示,拧松锁紧螺母,转动连接杆螺栓(以改变螺栓长度),调整悬架高度,直到符合要求为止。再检查测量连接杆露出螺纹部分的长度,应不小于 13mm。最后拧紧锁紧螺栓。

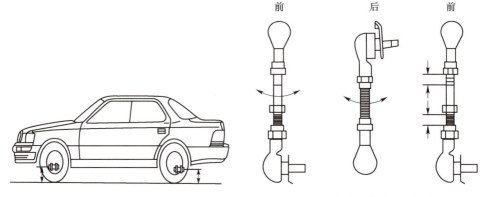

图 4-14 测量高度　　图 4-15 调节高度传感器连接杆螺栓

模块四 智能网联汽车执行系统的维修与故障排除

4. 高度调节功能的检查

通过操作高度控制开关来检查汽车车身高度的变化:

(1) 检查轮胎充气压力是否正常。

(2) 检查汽车高度。

(3) 起动发动机,如图4-16所示,把高度控制开关从"NORM"(标准)位置拨到"HIGH"(高)位置。检查完成高度调整所需的时间和汽车车身高度的变化量。

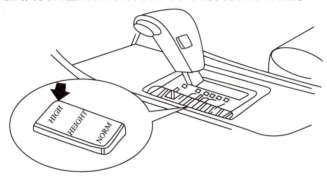

图4-16 将控制开关从"NORM"(标准)位置拨到"HIGH"(高)位置

(4) 在汽车处于"HIGH"高度时,起动发动机并将高度控制开关从"HIGH"(高)位置切换至"NORM"(标准)位置。检查完成高度调整所需的时间和汽车车身高度的变化量。

5. 车身抬升

如图4-17所示,测量车身抬升10~30mm所用的时间是否符合标准,要求从拨动开关起到悬架压缩机起动的时间约2s,从压缩机起动到完成升高动作的时间为20~40s。若不符合要求,说明悬架装置有故障,应及时排除。

6. 检查排气阀的排气

如图4-18所示,若排气阀中有空气排出,则正常;若压缩机运转的时间较长后,仍无空气排出,则排气阀可能存在故障,需要检修。

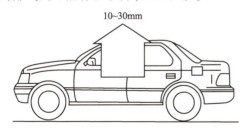

图4-17 使车身抬升10~30mm

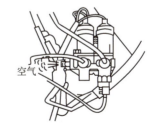

图4-18 检查排气阀排气是否正常

7. 减压阀检查

迫使压缩机工作以检查减压阀的动作,方法如下:

(1) 将点火开关转到"ON"位置,连接高度控制连接器的端子,使压缩机工作。注意:连接时间不能超过15s。

(2) 压缩机工作一段时间后,检查减压阀是否有空气逸出。

(3) 将点火开关转至"OFF"位置。

(4)清除故障代码。

8. 悬架装置漏气的检查

起动发动机,把高度控制开关拨到"HIGH"(高)位置,再将发动机熄火。将肥皂水涂抹在供气管路和各个接头处,如图 4-19 所示,检查漏气情况。若有漏气,应更换管路、接头或密封垫圈。

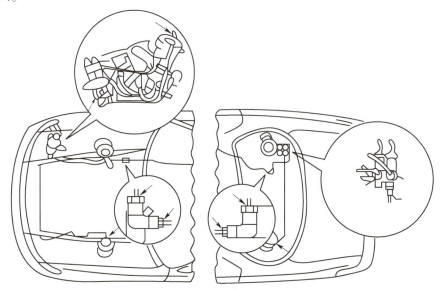

图 4-19 悬架装置漏气检查

9. 电路检查

电路及元件的检测以故障代码的序号为先后顺序,无故障代码的电路放在最后。

1)高度传感器电路

各传感器内部有一只与传感器转子轴结合在一起的电刷,该电刷在电阻器上方移动,产生线性输出。电刷和电阻器端子之间的电阻值,与转子轴的转动角成正比例变化。因此,传感器将悬架 ECU 施加在电阻器上的固定电压加以调整,然后再作为表示转子轴转动角的电压输至悬架 ECU。

准备:①拆卸前轮;②拆出前翼子板内衬;③脱开高度传感器连接器;④拆下高度传感器。

检查:①将 3 只 1.5V 的干电池串联起来;②将端子 2 与干电池正极连接,端子 3 与干电池负极连接,在端子 2 与 3 之间施加约 4.5V 的电压;③使控制杆缓慢地上、下移动,同时检查端子 1、3 之间的电压,在正常位置为 2.3V;低位置电压值为 0.5~2.3V;高位置电压值为 2.3~4.1V。

2)转向传感器电路

检查程序:

(1)检查悬架 ECU 连接器端子 SS1 和 SS2 与车身搭铁之间的电压。

准备:①拆出仪表台下的手套箱;②接通点火开关。

检查:慢慢转动转向盘,测量悬架 ECU 连接器端子 SS1 和 SS2 与车身搭铁之间的电压,正常值应在 0~5V 之间变化。

（2）检测转向传感器连接端子电压。

准备：①拆下转向盘；②脱开转向传感器连接器；③接通点火开关。

检查：测量转向传感器连接端子 1、2 之间的电压，正常值在 9~14V 之间。

（3）检查转向传感器。

准备：①拆下转向盘；②脱开转向传感器连接器；③在端子间施加蓄电池电压。

检查：在转向传感器旋转部分慢慢转动的同时，测量转向传感器连接器端子 7、8 与 2 之间的电压。正常值在 0~+∞ 之间变化。

（4）制动灯开关电路。

踩下制动踏板时，制动灯开关接通，蓄电池正极电压施加在悬架 ECU 的端子屏蔽双绞线（STP）上，悬架 ECU 还将该信号作为防点头控制的启动条件之一。

检查悬架 ECU 连接端子 STP 与车身搭铁之间的电压。

准备：①拆出仪表台下的手套箱；②接通点火开关。

检查：在踩下和松开制动踏板的同时，分别测量悬架 ECU 连接器端子 STP 与车身搭铁之间的电压。正常值松开时应为 0~1.2V，踩下时应为 9~14V。若不正常，则需要进一步检查配线连接器以及悬架 ECU。

（三）线控悬架装置故障诊断与排除

检查、分析、判断与检测不仅是排除线控悬架故障的前提，而且是主要的任务。由于汽车线控悬架的元器件大部分是密封式设计，损坏后一般不易修复，即使修复，其可靠性也大打折扣。因此，故障找到后，通常是用更换损坏元器件的方法来排除故障。

1. 初步检查

1）汽车高度调整功能的检查

在轮胎气压符合规定要求、汽车处于正常高度的状态下，测量车身高度。

检查车度自动抬升和降低所需的时间和车身高度变化量。若不符合要求，应做进一步检查，查找故障码、故障部位，采取相应的维修办法。

2）溢流阀检查和管路漏气检查

溢流阀检查时迫使压缩机工作，检查溢流阀能否正常动作，查看溢流阀是否排放空气。如果不能排气，则应检查是否有管路漏气、溢流阀堵塞、压缩机工作不正常的故障现象，这些都将引起压力不正常，影响悬架刚度和车身高度调整。管路漏气检查的一般方法是在接头处涂抹肥皂水，观察是否有冒泡现象。

3）输入信号的检查

输入信号检查的目的是检查来自各传感器和开关的信号是否能正常输入 ECU 中，其步骤如下：

（1）打开点火开关，将悬架刚度和阻尼控制均固定在"硬"的状态。

（2）将发动机室内的插接器端子短接，若存储器中没有故障码输出，可按表 4-2 中操作一、操作二的顺序进行操作，若符合要求，表明被检查系统信号可正常输入 ECU 中。

输入信号检查 表4-2

项目检查	操作一	发动机工作状态		操作二	发动机工作状态	
		停机	运行		停机	运行
转向传感器	转向直前	闪烁	常亮	转向45°	常亮	闪烁
制动灯开关	OFF,制动踏板不踩下	闪烁	常亮	ON,制动踏板踩下	常亮	闪烁
门控灯开关	OFF,所有车门关闭	闪烁	常亮	ON,所有车门开启	常亮	闪烁
节气门位置传感器	不踩加速踏板	闪烁	常亮	加速踏板全部踩下	常亮	闪烁
车速传感器	车速低于20km/h	闪烁	常亮	车速在20km/h以上	常亮	闪烁
高度控制开关	"NORM"(标准)位置	闪烁	常亮	"HIGH"(高)位置	常亮	闪烁
悬架控制开关	"NORM"(标准)位置	闪烁	常亮	"SPORT"(运动)位置	常亮	闪烁
高度控制开关	"ON"(开)位置	闪烁	常亮	"OFF"(关)位置	常亮	闪烁

2．利用自诊断系统进行故障检查

线控悬架一般都具有故障自诊断系统,当悬架装置出现故障时,ECU将故障信息以代码形式储存在存储器内;同时仪表板上的线控悬架指示灯亮,提示系统出现故障。在排除故障和检修时,可以将存储器内的故障码调出,根据故障码形式内容判断故障部位及原因,有针对性地检修有关部件和线路。

在进行自诊断测试时,首先应使系统进入自诊断测试状态。自诊断系统需要利用指示灯读取故障码,因此要对指示灯进行检查。

1）指示灯检查

打开点火开关,"HEIGHT"(高度)照明灯一直点亮,仪表板上的指示灯(悬架控制指示灯)和高度控制指示灯应亮2s左右。2s后,把开关拨到"SPORT"(运动)位置,指示灯仍旧亮;当把开关拨到"NORM"(标准)位置时,指示灯2s后熄灭。当高度控制开关拨到"NORM"(标准)或"HIGH"(高)侧时,相应的高度控制指示灯"NORM"(标准)或"HIGH"(高)也点亮。当高度控制"NORM"(标准)指示灯以相同间隔闪亮时,表明ECU存储器正存有故障码。悬架控制系统存在故障,应读取故障码并排除故障。如果在指示灯检查过程中,出现表4-3所列的情况,应进行相关电路的检查并排除故障。

线控悬架装置故障征兆及检查部位　　　　　　表4-3

故障征兆	检查部位
点火开关接通后,"SPORT"（运动）/"HIGH"（高）和"NORM"（标准）指示灯不亮	汽车高度控制电源电路、指示灯电路
打开点火开关后,"SPORT"（运动）/"HIGH"（高）和"NORM"（标准）指示灯亮2s,然后全部熄灭	—
有些指示灯"SPORT"（运动）/"HIGH"（高）和"NORM"（标准）或"HEIGHT"（高度）照明灯不亮	指示灯电路或"HEIGHT"（高度）照明灯电路
悬架控制开关拨到"NORM"（标准）侧,"NORM"（标准）指示灯仍旧亮着	悬架控制开关电路
仍旧亮着的汽车高度指示灯与高度控制开关所选定的汽车高度不一致	高度控制开关电路

2) 读取故障码

(1) 打开点火开关。

(2) 将诊断盒或检查插接器的端子 Tc 与 E1 短接。

(3) 通过观察仪表盘上高度控制"NORM"（标准）指示灯的闪烁规律读取故障码。故障码的含义见表4-4。

故障码含义　　　　　　表4-4

故障码	故障诊断	故障范围
11	右前车身高度传感器电路短路	车身高度传感器线束及插件,车身高度传感器ECU
12	左前车身高度传感器电路短路	
13	右后车身高度传感器电路短路	
14	左后车身高度传感器电路短路	
21	前悬架控制执行器电路短路或短路	悬架控制执行器线束及插件,悬架控制执行器ECU
22	后悬架控制执行器电路短路或短路	
31	1号高度控制阀电路短路或短路	高度控制阀线束及插件,高度控制器ECU
33	2号高度控制阀电路（右后悬架）短路或断路	
34	2号高度控制阀电路（左后悬架）短路或断路	
35	排气阀电路短路或断路	排气阀线束及插件,排气阀,ECU
41	1号高度控制继电器电路短路或短路	1号高度控制继电器线束及插件,1号高度控制继电器ECU
42	压缩机电动机卡滞或电路短路	压缩机电动机线束及插件,压缩机电动机,ECU
51	向1号高度控制继电器（控制压缩机电动机）的供电时间超限	压缩机,空气弹簧,高度控制阀,车身高度传感器,干燥器,排气阀,管路,ECU
52	向排气阀的供电时间超限	排气阀,空气弹簧,高度控制阀,车身高度传感器,由于举升等造成的弹簧连续伸;ECU
61	悬架ECU有故障	悬架ECU

续上表

故障码	故障诊断	故障范围
71	高度控制开关位于"OFF"(关)位置或开关电路短路	高度控制 ON/OFF 开关线束及插件,高度控制开关,ECU
72	悬架 ECU 供电电路(+B)断路或短路	悬架 ECU 供电电路线束及插件,空气弹簧(AIR SUS)熔断丝,高度控制插座,ECU

3)故障码的清除

根据读取的故障码内容对故障部位进行检修后,还需要将储存在计算机储存器内的故障码清除,以便在以后的工作中记录和存储新的故障码。如不清除旧故障码,当再出现其他故障后,系统会将所有储存的故障码输出,维修人员便不知道哪些是当前存在的故障,哪些是以前排除过的故障,从而给维修工作带来不必要的麻烦。清楚故障码有两种方法:

(1)在关闭点火开关的情况下,拆下 1 号接线盒中的 ECU-B 熔断丝 10s 以上。

(2)在关闭点火开关的情况下,同时将高度控制插接器的 9 号端子与 8 号端子 E 以及检查插接器的 Ts 端子 E1 端子短接 10s 以上,然后接通点火开关并拆掉各端子的短接导线。

(3)清除故障码后,若运行一段时间后报警灯不再亮,说明故障以得到排除。如运行后报警灯仍然点亮,说明故障没有被彻底排除或还存在其他故障,需要重新调取故障码和排除故障。

技能实训

(一)实训目标

(1)能够依据接待要求,结合客户的需求,独立完成接待前物料的准备工作。

(2)能够结合客户车辆的故障现象,根据维修手册使用专用软件及检测工具,初步判断故障范围。

(3)能够分析采集的数据,判定车辆故障并判断故障原因。

(4)根据以上分析及判定结果,制订车辆维修方案。

(5)能够根据维修手册及操作规范,使用专用设备工具,对车道保持系统的控制器部件、线路等进行专业检修。

(6)根据车道保持系统的功能要求,与他人合作,规范地完成车道保持系统的功能验证,完成车辆的维修作业。

(二)接受工作任务

汽车服务站新接收了一辆待维修车辆,据车主反映,车辆行驶过程中自动驾驶界面的信息不准确,有车道偏离现象但车辆未报警,也未对车辆的信息进行修正。维修技师对该车的行为决策系统及相关部件进行检查,并对车辆执行控制系统的损坏、系统部件的信息传输等情况进行记录。

(三)信息收集

(1)客户信息登记:进店时间:_____年_____月_____日。

模块四　智能网联汽车执行系统的维修与故障排除

客户姓名：_____，电话：_____。
（2）客户车辆登记：车型：_____，车牌号码：_____。
车辆的VIN码：_____。
（3）车辆进店时里程数：_____，油量/电量：_____。
车上故障灯：□无　　□有。
（4）车辆外观检查情况：刮蹭痕迹：□无　　□有（若有请标注在车辆登记表格中加以说明）。
（5）车辆进店维修内容：_____
_____。
（6）车内检查：转向盘和仪表盘上的自动驾驶功能显示：
□正常启动
□无法启动
□能启动但显示异常（原因是：_____）。
（7）本次维修预计需要的时长为：_____。
（8）本次维修后需要提供给客户的资料有：_____。
（9）本次维修后车辆清洗情况：□要清洗　　□不需要清洗。

（四）计划制订

（1）根据智能网联汽车控制执行系统规范要求，制订智能网联汽车控制执行系统的检修计划（表4-5）。

智能网联汽车控制执行系统检修计划　　　　　　　　表4-5

序　号	作业项目	操作要点	备　注
1			
2			
3			
4			
5			
审核	审核意见： 　　　　　　　　　　　　　　　　　年　　月　　日		

（2）维修注意事项。
①实训开始前应摘掉各类饰品，换上实训衣服，长头发需要扎起来并戴帽子。
②确保整车点火处于Lock位置，有特殊要求的除外。
③整车应出入驻车制动位置，有特殊要求的除外。
④举升车辆时，按举升机规范要求操作。
⑤工具及实训室使用后，应该进行5S管理，填写完成表4-6。

设备、工具、材料检查　　　　　　　　　　　　　　　表 4-6

序　号	名　称	数　量	清点结果
1			□已清点齐备
2			□已清点齐备
3			□已清点齐备
4			□已清点齐备
5			□已清点齐备

(五)计划实施

1. 作业检查信息记录

(1)维修前车辆的检查。

检查内容：_____；

检查结果：_____。

(2)维修前控制执行系统的检查。

检查内容：_____；

检查结果：_____。

2. 线控执行系统模块的检查

完成线控执行系统模块的检查，填写完成表 4-7。

线控执行系统模块检查记录表　　　　　　　　　　　表 4-7

名　称	检查内容	检查结果	详细描述
线控驱动系统	外观	□正常 □退针 □破损 □脏污	
	接口	□正常 □退针 □破损 □脏污	
	控制模块	□正常 □退针 □破损 □脏污	
线控转向系统	外观	□正常 □退针 □破损 □脏污	
	接口	□正常 □退针 □破损 □脏污	
	控制模块	□正常 □退针 □破损 □脏污	
线控制动系统	外观	□正常 □退针 □破损 □脏污	
	接口	□正常 □退针 □破损 □脏污	
	控制模块	□正常 □退针 □破损 □脏污	
线控悬架装置	外观	□正常 □退针 □破损 □脏污	
	接口	□正常 □退针 □破损 □脏污	
	控制模块	□正常 □退针 □破损 □脏污	

3. 故障部件的更换

故障件名称：_____；故障件物料编号_____；

故障件是否已更换：□是　□否　备注：_____。

模块四　智能网联汽车执行系统的维修与故障排除

(六) 质量检查

由指导教师检查维修结果,并针对实训过程出现的问题提出改进措施及建议,填写完成表 4-8。

实训过程评价表　　　　　　　　　　　　　　　　表 4-8

序　号	评 价 标 准	评价结果	改 进 建 议
1	维修前车辆的检查		
2	线控执行系统模块的检查		
3	故障部件的更换		
综合评语			

(七) 评价反馈

根据自己在实训过程中的表现进行自我评价,开展小组间互评及教师点评,填写完成表 4-9。

自我评价:＿＿＿＿＿＿＿＿＿＿＿＿＿＿＿＿＿＿＿＿＿＿＿＿＿＿＿＿＿＿＿＿＿＿＿。
小组互评:＿＿＿＿＿＿＿＿＿＿＿＿＿＿＿＿＿＿＿＿＿＿＿＿＿＿＿＿＿＿＿＿＿＿＿。
教师点评:＿＿＿＿＿＿＿＿＿＿＿＿＿＿＿＿＿＿＿＿＿＿＿＿＿＿＿＿＿＿＿＿＿＿＿。

实 训 成 绩 单　　　　　　　　　　　　　　　　表 4-9

序　号	项　目	评 分 标 准	分　值	得　分
1	接受任务	明确工作任务,理解任务在企业工作中的重要程度	5	
2	信息收集	掌握客户信息要完整,无遗漏	5	
3		咨询并登记好维修车辆的基本信息	5	
4		检查车辆基本功能,记录故障信息	5	
5		按照车辆维修的基本流程完成客户的基本服务接待	5	
6	制订计划	按照控制执行系统及外观检查流程,制订合适的行动计划	10	
7		能协同小组人员安排任务分工	5	
8		能在实施前准备好所需要的工具器材	5	
9	计划实施	规范地进行场地布置及工具检查	5	
10		识别控制执行系统总成结构部件	5	
11		正确完成控制模块、接口、连接线束、部件的检查	10	
12		正确找出故障	10	
13		正确更换部件	10	
14	质量检查	学生任务完成,操作过程规范	5	
15	评价反馈	学生能对自身表现情况进行客观评价	5	
16		学生在任务实施过程中能发现自身问题	5	
		得分		

思考与练习

一、判断题

1. 线控节气门是一种电子控制装置,通过线束来代替拉杆,用电动机来驱动节气门的开度。（　　）
2. 发动机不能加速的可能原因是电子加速踏板内电位计失效或者线路断路。（　　）
3. 汽车线控转向系统电机属于控制系统中的控制器,控制器常见的故障模式主要有卡死、增益变化、恒偏差三种。（　　）

二、选择题

1. 电子节气门位置传感器的检修时,滤波前的加速踏板开度数值应逐渐增加至（　　）。
   A. 10%　　　　B. 50%　　　　C. 100%　　　　D. 200%
2. 制动盘的厚度检查时,用千分尺测量,首先清洁制动盘,用标记笔在制动盘上标出三个点,要求间隔为（　　）。
   A. 30°　　　　B. 60°　　　　C. 120°　　　　D. 240°
3. 用游标卡尺或直尺测量制动摩擦片的厚度,标准值为（　　）,使用极限为2.5mm。
   A. 1mm　　　　B. 2.5mm　　　　C. 5mm　　　　D. 10mm

三、简答题

1. 智能网联汽车线控驱动系统的故障原因有哪些？
2. 智能网联汽车线控转向系统的故障原因有哪些？
3. 请简述智能网联汽车线控转向系统的故障检修方法。
4. 智能网联汽车线控制动系统的故障原因有哪些？
5. 请简述智能网联汽车线控悬架装置的故障检修注意事项。

模块五　智能座舱系统的检查与故障排除

学习目标

▶ 知识目标

1. 掌握智能座舱检测与设定的内容；
2. 了解智能座舱检查与设定的步骤。

▶ 技能目标

1. 能按步骤正确对疲劳预警系统进行功能检查；
2. 能按智能座椅故障检测的方法及步骤对其进行检修；
3. 能正确完成人机交互系统模块的更换与功能设定。

▶ 素养目标

1. 培养学生具有很好的智能网联汽车职业道德素质和身心素质；
2. 通过实训培养学生勇于实践、敢于动手、精益求精的工匠精神。

建议课时

10 课时

人机交互系统

1. 检查内容及功能

（1）先检查车辆网络连接是否正常。如果网络正常但无法实现交互功能，需要关闭车辆起动开关，等待 3～5min 后重新起动车辆；若依然无法解决，则进行其他功能检查。人机交互系统功能检查主要分为四个步骤：起动车辆、系统开关检查、功能检查和关闭车辆。

（2）基本检查内容包括检查车辆外观、轮胎及底盘部件、发动机舱内、灯光电器是否正常。

（3）人机交互系统功能检查的内容包括：①检查车辆能否正常起动；②系统开关检查，主要检查人机交互系统都有哪些开启方式，如物理按键开启、触摸开启、语音唤醒等，且各种开启方式是否能够正常开启人机交互系统;③功能检查,包括语音导航、音频播放、语音通话、车窗、天窗、空调、座椅是否工作正常;④车辆能否正常关闭。

2. 系统检测

由于车型不同,控制模块的位置不一样,麦克风的位置与数量也不同,所以在实际检测过程中,需根据车辆实际情况进行检测。以车辆无法语音控制右前车窗玻璃升降为例,进行故障检测分析。首先读取故障码,若存在故障码则直接检测相关故障点;无故障码则语音查找天气输入导航位置,若不正常则检测麦克风电源、车载智能多媒体主机电源、搭铁、B-CAN信号;若正常则手动控制右前车窗玻璃升降。若车窗玻璃升降正常,则检测右前门控制模块B-CAN信号;若不正常则检测右前车窗玻璃升降器电机控制信号及右前门控制模块供电、搭铁。

3. 系统设定

人机交互系统的设定是指对车辆部分系统的具体功能进行设置。人机交互系统控制模块更换成功后,系统数据均被重置,用户需要根据自己的驾驶习惯以及实际需求对人机交互系统进行重新设定,以满足驾乘体验。人机交互系统设定是指对人机交互系统的语言、语音类型进行选择设置,还需要选择需要语音控制的其他功能。

对匹配后的人机交互系统进行功能设定:①打开人机交互系统设置界面;②设定人机交互语言;③设定人机交互系统语音类型;④设定唤醒词;⑤设定人机交互系统对用户的称呼;⑥设定人机交互系统语音音量。

4. 功能验证

人机交互系统功能设定完成后需要对人机交互系统功能进行验证,验证内容包括云端语音识别、全景环视影像、导航系统、空调系统、蓝牙电话、多媒体、收音机、氛围灯、座椅以及天窗。

疲劳预警系统

1. 检测方法

驾驶人疲劳检测方法主要有基于驾驶人自身特征(包括生理信号和生理反应)的检测方法、基于汽车行驶状态的检测方法和基于多特征信息融合的检测方法等。

1)基于驾驶人生理信号的检测方法

驾驶人在疲劳状态下,一些生理指标如脑电波、心电波、肌电波、脉搏、呼吸等会偏离正常状态。因此,可以通过生理传感器检测驾驶人的这些生理指标来判断驾驶人是否处于疲劳状态。

(1)脑电信号是人脑机能的宏观反应,利用脑电信号反映人体的疲劳状态,客观并且准确,判定的准确率较高,但是操作复杂且不适合车载实时监测。

(2)心电波指标主要包括心率及心率变异性等,心电信号是判定驾驶疲劳的有效特征,准确度高。利用心电信号检测人体疲劳状况需要将电极与人身体相接触,会给驾驶人的正常驾驶带来不便。

(3)通过肌电信号的分析,反映人体的疲劳程度。肌电图的频率随着疲劳的产生和疲劳程度的加深呈现下降趋势。该方法测试比较简单,结论较明确。

(4)人体脉搏波的形成依赖于心脏和血液循环,因此,利用脉搏波监测驾驶人的疲劳状态具有可行性。

(5)人体疲劳状态的一个重要表现就是呼吸频率降低,呼吸变得平稳。在正常驾驶过程中,驾驶人精神集中,呼吸的频率相对较高,如果驾驶期间与他人交谈,呼吸波的频率变得更高,同时呼吸的周期性变差。当驾驶人疲劳驾驶时,注意力集中程度降低,思维不活跃,此时呼吸变得平缓。因此,通过检测驾驶人的呼吸状况来判定疲劳驾驶也成为研究疲劳驾驶预警系统的一个重要方面。

基于驾驶人生理信号的检测方法客观性强、准确性高,但与检测仪器有较大关系,而且都是接触式检测,会干扰驾驶人的正常操作,影响行车安全。此外,由于不同人的生理信号特征有所不同,并与心理活动关联较大,在实际用于驾驶人疲劳检测时有很大的局限性。

2)基于驾驶人生理反应特征的检测方法

基于驾驶人生理反应特征的检测方法一般采用非接触式检测途径,利用机器视觉技术检测驾驶人面部的生理反应特征,如眼睛特征、视线方向、嘴部状态、头部位置等来判断驾驶人疲劳状态。

(1)驾驶人眼球的运动和眨眼信息被认为是反映疲劳的重要特征,眨眼幅度、眨眼频率和平均闭合时间都可直接用于检测疲劳。目前,被认为最有应用前景的实时疲劳检测方法是 PERCLOS(Percent of Eye Closure,指在一定的时间内眼睛闭合时所占的时间比例)检测,PERCLOS 的 P80(单位时间内眼睛闭合程度超过80%的时间占总时间的百分比)与驾驶疲劳程度的相关性最好。为了提高疲劳检测准确率,可以综合检测平均睁眼程度、最长闭眼时间的特征作为疲劳指标,这样可以达到较高的疲劳检测准确率。通过眼睛特征检测驾驶人的疲劳程度,不会对驾驶人行为带来任何干扰,因此它成为这一领域的研究热点。

(2)视线方向检测是把眼球中心与眼球表面亮点的连线定为驾驶人视线的方向。正常状态下,驾驶人正视车辆运动前方,同时视线方向移动速度比较快;疲劳时,驾驶人视线方向的移动速度会变慢,表现出迟钝现象,并且视线轴会偏离正常的位置。通过摄像头获取眼睛的图像,对眼球建模。因此,可以把视线是否偏离正常范围作为判别驾驶人是否疲劳的特征之一。

(3)嘴部状态检测。人在疲劳时往往有频繁的打哈欠动作,如果检测到打哈欠的频率超过一个预定的阈值,则判断驾驶人已处于疲劳状态。基于此原理,可以完成对驾驶人疲劳的检测。

(4)在驾驶过程中,驾驶人正常和疲劳时其头部位置是不同的,可以利用驾驶人头部位置的变化检测疲劳程度,利用头部位置传感器,对驾驶人的头部位置进行实时跟踪,并且根据头部位置的变化规律判定驾驶人是否疲劳。

基于驾驶人生理反应特征的检测方法的优点是表征疲劳的特征直观、明显,可实现非接触测量;缺点是检测识别算法比较复杂,疲劳特征提取困难,且检测结果受光线变化和个体生理状况的变化影响较大。

3)基于汽车行驶状态的检测方法

基于汽车行驶状态的疲劳检测方法,不是从驾驶人本人出发去研究,而是从驾驶人对汽车的操控情况去间接判断驾驶人是否疲劳。该种检测方法主要利用摄像头和车载传感器检测汽车行驶状态间接推测驾驶人的疲劳状态。

(1) 基于转向盘的检测包括转向盘转角信号检测和转向盘力信号检测。驾驶人疲劳时对汽车的控制能力下降,转向盘转角左右摆动的幅度会较大,然后在一段时间内其值没有明显变化,同时操纵转向盘的频率会下降。通过对转向盘转角时域、频域和幅值域的分析,转向盘转角的方差或平方差可以作为疲劳驾驶评价指标。通过检测驾驶人驾驶过程中转向盘的转角变化情况来检测驾驶人的疲劳情况是疲劳预警系统研究的热点方向。这种方法数据准确、算法简单,并且该信号与驾驶人疲劳状况联系紧密。

(2) 驾驶人疲劳时,其对转向盘的握力逐渐减小。通过传感器实时检测驾驶人对转向盘的握力,通过一系列分析,判断驾驶人的疲劳程度。驾驶人对转向盘的操纵特征能间接、实时地反映驾驶人的疲劳程度,具有可靠性高、无接触的优点,由于传感器技术的限制,其准确度有待提高。

(3) 通过实时检测汽车的行驶速度,判断汽车是处于有效控制状态还是处于失控状态,从而间接判断驾驶人是否疲劳。

(4) 车道偏离检测是指驾驶人疲劳驾驶时,由于注意力分散,反应迟钝,汽车可能偏离车道。

4) 基于多特征信息融合的检测方法

依据信息融合技术,将基于驾驶人生理特征、驾驶行为和汽车行驶状态相结合是理想的检测方法,这种方法大大降低了采用单一方法造成的误警或漏警现象。信息融合技术的应用,使疲劳检测技术得到更进一步的发展和提高,能客观、实时、快捷、准确地判断出驾驶人的疲劳状态,避免疲劳驾驶所引起的交通事故,是疲劳检测技术的发展方向。

2. 功能检查

疲劳驾驶预警系统功能检查主要分为四个步骤:起动车辆、系统开启检查、功能检查和关闭车辆。

当满足疲劳驾驶预警系统开启条件时,疲劳驾驶预警系统开始工作,时刻检测驾驶人疲劳状态。部分车型也可以通过设置关闭疲劳驾驶预警功能。

功能检查是指检查在各种疲劳状态下,如闭眼、打哈欠、低头等,系统是否能够正确检测到驾驶人已处于疲劳驾驶状态,并进行报警,且各报警形式是否正常,如蜂鸣、振动、语音、图标提醒等。

3. 控制模块更换

(1) 图像采集模块安装位置。疲劳驾驶预警系统图像采集模块的安装位置应保证能随时检测到驾驶人面部,一般安装在左侧 A 柱、仪表内部、转向柱后壳体、中控台、顶棚组合开关等处。

(2) 控制模块拆卸流程:①关闭启动开关;②断开蓄电池负极;③拆卸护板;④断开疲劳驾驶预警控制模块插接器连接;⑤拆卸疲劳驾驶预警控制模块固定螺栓;⑥取出疲劳驾驶预警控制模块。

(3) 控制模块更换的注意事项:注意蓄电池负极桩头防护;注意护板有无剐蹭、褶皱等损坏;注意插接器锁扣是否正确解锁。

(4)控制模块更换的检查内容:①检查外观是否有磕碰和划痕;②检查铭牌是否清晰;③检查铭牌内容是否符合要求;④检查针脚是否有断折、弯曲;⑤检查针脚是否有松动。

4．系统设定

系统设定是指对车辆部分系统的具体功能进行设置,疲劳驾驶预警系统控制模块更换后,系统各项数据均被重置,用户需要根据自己的驾驶习惯以及实际需求来对疲劳驾驶预警系统进行重新设定,以满足驾乘体验。疲劳驾驶预警系统设定是指对系统的开闭、提示方式进行设定,部分车型还需要选择系统监测的车速范围。

5．功能验证

疲劳驾驶预警系统控制模块匹配完成后,需要对疲劳驾驶预警功能进行验证,判别更换的控制模块是否正常以及控制模块匹配是否成功,见表5-1。

疲劳驾驶预警系统功能验证　　　　表5-1

序　号	验证内容	验证记录	
1	系统是否能正常开启提示	是□	否□
2	当监测到疲劳驾驶行为时是否报警提示	是□	否□
3	报警模式是否与设定一致	是□	否□
4	疲劳驾驶预警系统在大于设定车速时运行正常	是□	否□
5	系统是否能正常关闭	是□	否□

三 智能座椅

1．功能检查

智能座椅功能检查包括对座椅调节功能、座椅舒适功能、座椅智能控制的检查。座椅调节功能检查需要对座椅前后位置、座椅高低位置、坐垫水平位置、靠背前后倾斜程度、腰部支撑的高低位置及支撑程度、腿拖位置高低等功能进行检查。座椅舒适功能检查需要对座椅加热、座椅通风、座椅按摩等功能进行检查。座椅智能控制检查需要对座椅记忆、语音控制与迎宾功能进行检查。

2．控制模块更换

(1)模块拆卸流程:①关闭启动开关;②向后调节座椅,拆卸智能座椅前排固定螺栓;③向前调节座椅,拆卸智能座椅后排固定螺栓;④断开蓄电池负极;⑤调整座椅,找到智能座椅控制模块;⑥断开智能座椅控制模块插接器连接;⑦拆卸智能座椅控制模块固定螺栓;⑧取出智能座椅控制模块。

控制模块更换的注意事项:注意座椅表皮是否划伤、磨损;注意蓄电池负极桩头防护;注意插接器锁扣是否正确解锁。

(2)控制模块更换的检查内容:①检查外观是否有磕碰和划痕;②检查铭牌是否清晰;③检查铭牌内容是否符合要求;④检查针脚是否有断折、弯曲;⑤检查针脚是否有松动。

3. 系统设定

智能座椅的系统设定是指对智能座椅的具体功能进行设置。智能座椅控制模块更换并匹配成功后,智能座椅数据均被重置,需要根据驾驶习惯以及实际需求对智能座椅进行重新设定,例如智能座椅的位置调节、记忆功能的数据存储设置、迎宾功能的开启,以及语音控制的功能识别,以满足驾乘体验。

4. 功能验证

智能座椅设定完成后需要对智能座椅各项功能进行验证,判别更换控制模块后各项功能是否正常工作。

技能实训

(一)实训目标

(1)能够依据接待要求,结合客户的需求,独立完成接待前物料的准备工作。

(2)能够结合客户车辆的故障现象,根据维修手册使用专用软件及检测工具,初步判断故障范围。

(3)能够分析采集的数据,判定车辆故障并判断故障原因。

(4)根据以上分析及判定结果,制订车辆维修方案。

(5)能够根据维修手册及操作规范,使用专用设备工具,对车道保持系统的控制器部件、线路等进行检修专业。

(6)根据智能座舱的功能要求,与他人合作,规范地完成车道保持系统的功能验证,完成车辆的维修作业。

(二)接受工作任务

汽车服务站新接收了一辆待维修车辆,据车主反映,车辆驾驶人座椅无法进行各方位调节,且加热、通风、记忆等功能失效,需要对智能座椅故障进行检修与分析。

(三)信息收集

(1)客户信息登记:进店时间:_____年_____月_____日。
　　　　　　　客户姓名:_____,电话:_____。

(2)客户车辆登记:车型:_____,车牌号码:_____。
车辆的VIN码:_____。

(3)车辆进店时里程数:_____,油量/电量:_____。
车上故障灯:□无　　□有。

(4)车辆外观检查情况:剐蹭痕迹:□无　　□有(若有请标注在车辆登记表格中加以说明)。

(5)车辆进店维修内容:_____
_____。

模块五　智能座舱系统的检查与故障排除

(6)车内检查:转向盘和仪表盘上的自动驾驶功能显示:
□正常启动
□无法启动
□能启动但显示异常(原因是:_____)。
(7)本次维修预计需要的时长为:_____。
(8)本次维修后需要提供给客户的资料有:_____。
(9)本次维修后车辆清洗情况:□要清洗　　□不需要清洗。

(四)计划制订

(1)根据智能网联汽车智能座舱系统维护规范要求,制订智能网联汽车智能座舱的检修计划,填写完成表5-2。

操作流程　　　　　　　　　　　　　　　　　　　表5-2

序　号	作业项目	操作要点	备　注
1			
2			
3			
4			
5			
审核	审核意见: 年　月　日		

(2)维修注意事项:
①实训开始前应摘掉各类饰品,换上实训衣服,长头发需要扎起来并戴帽子。
②确保整车点火处于Lock位置,有特殊要求的除外。
③整车应出入驻车制动位置,有特殊要求的除外。
④举升车辆时,按举升机规范要求操作。
⑤工具及实训室使用后,应该进行5S管理,填写完成表5-3。

设备、工具、材料检查　　　　　　　　　　　　　表5-3

序　号	名　称	数　量	清点结果
1			□已清点齐备
2			□已清点齐备
3			□已清点齐备
4			□已清点齐备
5			□已清点齐备

(五)计划实施

1.基本检查

功能检查前,应对故障车辆进行基本检查,排除车辆可能存在的其他问题。基本检查的内容包括：车辆外观是否正常、轮胎及底盘部件是否正常、发动机舱内是否正常、灯光电气能否正常使用。

2. 功能检查

（1）人机交互系统。

①起动车辆是否正常。

②系统开关检查：物理按键是否反馈清晰、触摸开关是否灵敏精准、语音唤醒是否正常。

③功能检查：语音导航、音频播放、语音通话、车窗升降功能、天窗功能、空调（开关、温度调节、风速调节）、座椅（加热、通风）是否正常。

④关闭车辆是否正常。

（2）疲劳预警驾驶系统。

①起动车辆是否正常。

②系统开启检查：开启条件（车速、驾驶时长）、是否正常开启、是否能关闭。

③功能检查：疲劳状态（闭眼、打哈欠、低头、左顾右盼）是否预警。

④预警形式：蜂鸣提醒、警示图标、振动提醒、语音提醒、灯光提醒是否正常。

⑤闭车辆是否正常。

（3）智能座椅。

①座椅调节功能：座椅位置调节（向前、向后）、座椅高低调节（升高、降低）、坐垫水平调节（升高、降低）、靠背前后调节（向前、向后）、腰部支撑（位置、支撑）、腿托调节（升高、降低）是否正常。

②座椅舒适功能：座椅加热（交互方式、加热档位、加热温度）、座椅通风（交互方式、通风功能、通风风速）、座椅按摩（交互方式、按摩功能及模式）是否正常。

③座椅智能控制功能：座椅记忆（交互方式、座椅位置储存及调节）、座椅迎宾（下车模式、驾驶模式）是否正常。

3. 故障检测

依据维修使用手册，分别对人机交互系统、疲劳驾驶预警系统及智能座椅进行检测，并记录检测结果及维修意见。

（1）控制模块。

①检查供电线路电压（标准值为 12V）。

②检查搭铁线路电阻（标准值小于 1Ω）。

（2）执行模块。

①检查供电线路电压（标准值为 12V）。

②检查搭铁线路电阻（标准值小于 1Ω）。

（3）信息采集模块。

①检查供电线路电压（标准值为 12V）。

②检查搭铁线路电阻（标准值小于 1Ω）。

(4) CAN 总线。

①检查供电线路电压(标准值为 2.5V)。

②检查搭铁线路电阻(标准值为 2.5V)。

③终端电阻(标准值 60Ω)。

4. 控制模块更换

(1) 控制模块拆卸流程(以人机交互系统为例)。

①关闭起动开关。

②断开蓄电池负极(蓄电池负极桩头防护)。

③拆卸护板(防止护板剐蹭、褶皱等损坏)。

④断开人机交互系统控制模块插接器连接(插接器锁扣的正确解锁)。

⑤拆卸人机交互系统控制模块固定螺栓。

⑥取出人机交互系统控制模块。

(2) 控制模块检查。

检查内容:外观是否有磕碰和划痕、铭牌是否清晰、铭牌内容是否符合要求、针脚是否有断折弯曲、针脚是否有松动。

(3) 系统设定。

①人机交互系统。

a. 打开人机交互系统设置界面;

b. 设定人机交互语言设置;

c. 设定人机交互系统语音类型;

d. 设定唤醒词;

e. 设定人机交互系统对用户的称呼;

f. 设定人机交互系统语音音量。

②疲劳预警驾驶系统。

a. 打开疲劳驾驶预警系统设置界面;

b. 设定疲劳驾驶预警系统开关;

c. 设定报警模式;

d. 设定系统检测车速。

③智能座椅。

a. 座椅记忆:打开启动开关,将驾驶人座椅调节到合适位置,持续按压 SET 按钮,待 SET 指示灯亮起后选择储存位置、听到提示音后设定完成;

b. 座椅迎宾:座椅迎宾功能是否开启;

c. 语音控制座椅:座椅语音控制是否开启。

(六)质量检查

由指导教师检查维修结果,并针对实训过程出现的问题提出改进措施及建议,填写完成表 5-4。

评价及改进建议　　　　　　　　　　　　　　　　　　　　表 5-4

序号	评价标准	评价结果	改进建议
1	人机交互系统模块的更换与设定		
2	疲劳预警系统的功能检查		
3	智能座椅故障检测		
综合评语			

（七）评价反馈

根据自己在实训过程中的表现进行自我评价，开展小组间互评及教师点评，填写完成表 5-5。

自我评价：＿＿＿＿＿＿＿＿＿＿＿＿＿＿＿＿＿＿＿＿＿＿＿＿＿＿＿＿＿＿＿＿＿。

小组互评：＿＿＿＿＿＿＿＿＿＿＿＿＿＿＿＿＿＿＿＿＿＿＿＿＿＿＿＿＿＿＿＿＿。

教师点评：＿＿＿＿＿＿＿＿＿＿＿＿＿＿＿＿＿＿＿＿＿＿＿＿＿＿＿＿＿＿＿＿＿。

实　训　成　绩　单　　　　　　　　　　　　　　　　　　　　表 5-5

序号	项目	评分标准	分值	得分
1	接受任务	明确工作任务，理解任务在企业工作中的重要程度	5	
2	信息收集	掌握客户信息要完整，无遗漏	5	
3		咨询并登记好维修车辆的基本信息	5	
4		检查车辆基本功能，记录故障信息	5	
5		按照车辆维修的基本流程完成客户的基本服务接待	5	
6	制订计划	按照智能座舱各系统功能检查、模块更换、功能设定及检测的流程，制订合适的行动计划	10	
7		能协同小组人员安排任务分工	5	
8		能在实施前准备好所需要的工具器材	5	
9	计划实施	规范地进行场地布置及工具检查	5	
10		识别智能座舱各系统部件	5	
11		正确完成智能座舱各系统的功能检查	10	
12		正确找出故障	10	
13		正确更换系统部件并进行功能设定	10	
14	质量检查	学生任务完成，操作过程规范	5	
15	评价反馈	学生能对自身表现情况进行客观评价	5	
16		学生在任务实施过程中能发现自身问题	5	
		得分		

模块五 智能座舱系统的检查与故障排除

思考与练习

一、判断题

1. 人机交互系统内容及功能检查时,基本检查内容包括:车辆外观、轮胎及底盘部件、发动机舱内、灯光电器是否正常。（　　）

2. 人机交互系统内容及功能检查时,由于车型不同,控制模块的位置不一样,麦克风的位置与数量也不同,所以在实际检测过程中,需根据车辆实际情况进行检测。（　　）

3. 驾驶人在疲劳状态下,一些生理指标如脑电、心电、肌电、脉搏、呼吸等会偏离正常状态。（　　）

二、选择题

1. 进行人机交互系统内容及功能检查时,应先检查车辆网络连接是否正常。如果网络正常但是依然无法实现交互功能,需要关闭车辆起动开关,等待后重新起动车辆(　　)。

　　A. 1～3min　　　　B. 3～5min　　　　C. 5～7min　　　　D. 7～10min

2. 基于驾驶人生理反应特征的检测方法一般采用(　　)检测途径。

　　A. 接触式　　　　B. 非接触式　　　　C. 测量式　　　　D. 观察式

3. 疲劳驾驶预警系统的图像采集模块安装位置必须保证能时时刻刻检测到驾驶人面部,一般安装在左侧(　　)柱、仪表内部、转向柱后壳体、中控台、顶棚组合开关等位置。

　　A. A　　　　　　B. B　　　　　　C. C　　　　　　D. D

三、简答题

1. 人机交互系统的功能检查内容是什么?
2. 简述疲劳预警系统的检测方法。
3. 简述智能座椅功能检查包括哪些。

参 考 文 献

[1] 于明进.汽车电气设备构造与维修[M].北京:高等教育出版社,2002.
[2] 白鹏飞.汽车电气设备构造与维修[M].北京:人民交通出版社股份有限公司,2020.
[3] 何泽刚.新能源汽车认知与使用安全[M].北京:机械工业出版社,2019.
[4] 包丕利.新能源汽车维护与保养[M].北京:机械工业出版社,2017.
[5] 徐斌.新能源汽车[M].北京:人民交通出版社股份有限公司,2015.
[6] 陈黎明,王小晋.电动汽车故障结构原理与故障诊断[M].北京:机械工业出版社,2015.
[7] 林程,韩冰.北京市纯电动汽车技术培训教程[M].北京:北京理工大学出版社,2012.
[8] 宋炯,杨维和.车载网络系统原理与检修[M].昆明:云南人民出版社,2012.
[9] 李妙然,邹德伟.智能网联汽车技术概论[M].北京.机械工业出版社,2019.
[10] 陈锐,罗禹贡,王永胜.线控转向系统故障检测及容错控制协同设计[J].汽车技术,2020(03):37-44.
[11] 姜国彬.汽车线控转向系统故障诊断方法研究[D].长春:吉林大学,2009.
[12] 熊璐.无人车的线控转向系统故障诊断[J].中国机械工程,2017(11):2689-2700.
[13] 冯雪丽.智能网联汽车技术[M].北京:中国科技出版传媒股份有限公司,2021.
[14] 中德诺浩(北京)教育科技股份有限公司."1+X"智能网联汽车检测与运维职业技能等级证书—学生手册(中级)[M].北京:高等教育出版社有限公司,2021.
[15] 冯远洋,孙锐,王洪艳,等.汽车智能座舱发展现状及未来趋势[J].汽车实用技术,2021,46(17):201-206.
[16] 郁淑聪,孟健,张渤.浅谈汽车智能座舱发展现状及未来趋势[J].时代汽车,2021(05):10-11.
[17] 杜曾宇,黄晓延,蒙锦珊.智能座舱的关键技术[J].时代汽车,2021(05):143-144.
[18] 蒋彪,蒋炜,金鑫.自然语言处理在智能座舱中的应用[J].电子技术与软件工程,2020(22):119-122.
[19] 赵世佳,徐可,宋娟,等.我国智能网联汽车操作系统发展的实施策略[J].科技管理研究,2020,40(09):107-111.
[20] 杨劲松.智能汽车时代,智能座舱引领未来科技[J].产城,2018(08):18-19.